BEI GRIN MACHT SICH IHR
WISSEN BEZAHLT

- Wir veröffentlichen Ihre Hausarbeit,
  Bachelor- und Masterarbeit

- Ihr eigenes eBook und Buch -
  weltweit in allen wichtigen Shops

- Verdienen Sie an jedem Verkauf

Jetzt bei www.GRIN.com hochladen
und kostenlos publizieren

Bibliografische Information der Deutschen Nationalbibliothek:

Die Deutsche Bibliothek verzeichnet diese Publikation in der Deutschen National-
bibliografie; detaillierte bibliografische Daten sind im Internet über http://dnb.d-
nb.de/ abrufbar.

Impressum:

Copyright © 2016 GRIN Verlag, Open Publishing GmbH
Druck und Bindung: Books on Demand GmbH, Norderstedt Germany
ISBN: 978-3-668-16257-0

Dieses Buch bei GRIN:

http://www.grin.com/de/e-book/317220/von-der-franzoesischen-revolution-bis-zum-
ende-des-ost-west-konfliktes

Mike G.

Von der Französischen Revolution bis zum Ende des Ost-West-Konfliktes. Meinungen führender Historiker zur Weltgeschichte

Ein Überblick

GRIN Verlag

GRIN - Your knowledge has value

Der GRIN Verlag publiziert seit 1998 wissenschaftliche Arbeiten von Studenten, Hochschullehrern und anderen Akademikern als eBook und gedrucktes Buch. Die Verlagswebsite www.grin.com ist die ideale Plattform zur Veröffentlichung von Hausarbeiten, Abschlussarbeiten, wissenschaftlichen Aufsätzen, Dissertationen und Fachbüchern.

Besuchen Sie uns im Internet:

http://www.grin.com/

http://www.facebook.com/grincom

http://www.twitter.com/grin_com

Ansichten führender Historiker über geschichtliche Ereignisse

Vorwort

In dieser Arbeit finden sich (ausführliche) Zusammenfassungen von bedeutenden Werken führender Historiker über (welt-)geschichtliche Ereignisse. Die vollständigen Texte (bzw. Auszüge) finden sich in beiden Bänden „Zeiten und Menschen" des Schöningh Verlages im Westermann (ISBN Band 1: 978-3140249706; Band 2: 978-3140249713). Die (zwei- bis dreistellige) Zahl neben jeder Überschrift steht für die Seitenzahl im Buch, der Buchstabe M, welcher von einer Zahl gefolgt wird, gibt die Quellenmarkierung im Buch wider.

Im Rahmen der gymnasialen Oberstufe wurden die meisten dieser Quellen bearbeitet und in dieser Arbeit zusammengefasst um tiefgreifendes Verständnis einzelner Epochen oder langfristige Folgen besser erkennen zu können.

1 Historiker über die französische Revolution

1.1 Hans Ulrich Thamer über den Gegenwartsbezug der französischen Revolution.

- Französische Revolution hat die Moderne stark geprägt.
  - Eröffnete Phase grundstürzender Veränderung der Politik, Gesellschaft und Kultur Frankreichs.
    - Darüber hinaus auch politische und soziale Entwicklung anderer Länder beeinflusst.
  - Wurde zum Motor des Verfassungsstaates und der liberalen, politischen Kulturen.
  - Entwickelte in kürzester Zeit verschiedenste Verfassungsformen für die Moderne.
    - Konstitutionelle Monarchie, Republik, bonapartistische Diktatur.
  - Schuf Grundlagen der bürgerlich-individualistischen Eigentums- und Gesellschaftsverfassung.
  - Entfaltete die Demokratie und somit den Durchbruch zur politischen Freiheit.
  - Weckte das politische Bewusstsein der Bevölkerung und ideologisierte die politische Sprache.
=> Demonstrierte dadurch aber auch die Selbstgefährdung der Demokratie.
  - Französische Revolution lässt sich als politischen, gesellschaftlichen und wirtschaftlichen Wandel vom alten Ancient Regime zur Moderne bezeichnen.
  - Folgen der Revolution bewirkten einen sozialen und strukturellen Wandel.
    - Politisch-administrative Zentralisierung durch die Jakobinerherrschaft ausgebaut.
  - Revolution vollzog keinen Wandel zur bürgerlichen Gesellschaft, sondern die Organisation eines neuen Frankreichs.
→ Wichtiger Schritt im Prozess der sozialen und ökonomischen Dynamik, welche bereits **vor 1789** begonnen hatte.
  - Wirtschaft und Gesellschaft weniger stark von Revolution beeinflusst worden als Politik.
    - Historiker sprechen davon, dass Revolution England den entscheidenden Vorsprung zur Industrialisierung gegeben hätte.
    - Moderne Forschung spricht davon, dass neue Verfassungen und neue Legitimationen von Herrschaft die Gesellschaft ebenfalls stark prägten.
      - Gleich wie die Proklamation von Menschen- und Bürgerrechten, die demokratische, politische Kultur oder die Entfaltung neuer Formen der politischen Integration und Repräsentation.
        - Dies veranlasste die Umsetzung der Volkssouveränität von seiner abstrakten Ebene, mit welcher politische Fraktionskämpfe ausgeformt und ausgetragen werden konnten.
  - Erfindung neuer politischer Ausdrucksformen und einer modernen politischen Begriffswelt zeigen die schöpferischen Leistungen der Revolution und zugleich die Auswirkungen in die Gegenwart.
=> **Französische Revolution änderte den Begriff der Revolution.**
  - **Bis zum 18. Jahrhundert** wurde unter einer Revolution die allgemeine staatliche Veränderung, der geistliche Fortschritt, eine Veränderung im Denken verstanden.
  - Revolution wird nun mit der Erfahrung eines dramatischen, von Gewalt begleiteten umfassenden Wandels in der Politik und Gesellschaft verbunden, mit dem Anspruch, eine neue gerechte Ordnung zu schaffen und den geschichtlichen Fortschritt zu gestalten.
  - Zeitgenossen sprechen davon in drei Tagen den Raum von drei Jahrhunderten durchquert zu haben.
    - Sturm der Bastille verdichtete die historischen Ereignisse und prägte den politischen Wandel mit Gewaltakten, weshalb die Wahrnehmung und Deutung der Revolution unterschiedlich ausfällt.
      - Konservative hatten Angst vor der Gewalt.
      - Befürworter sahen Gewalt als notwendiges Übel an, welches mit dem bald erhofften Fortschritt überflüssig wird.

- Doch wurde der Begriff der Revolution nicht nur von extremer Beschleunigung geprägt, sondern bald auch von Radikalisierung und Gewaltanwendung zum Erreichen seiner Ziele.
=> **Januskopf der Revolution.**
  - Ursachen und Funktion der Gewalt werden heftig diskutiert, da man daraus einen Orientierungspunkt für die politische Ordnung und Traditionsbildung machte.
  - Historische Deutungen und Kontroversen gehören zur Selbstdeutung der politischen Kultur Frankreichs.
  - Politische Orientierung eines Zeitgenossen wurde an Selbstidentifikation zu einer Phase der Revolution oder an der völligen Ablehnung festgemacht.
    - Ältere Forschung hatte dadruch ein Problem mit Deutung der Revolution, da sie jene zum Objekt einer geschichtspolitischen Legitimation für die Gegenwart machte, anstatt die historischen Bedingungen und Entwicklungsabläufe zu interpretieren.
  - Revolution ist Beispiel für Verschränkung von Geschichte und Politik, da jede Generation aus ihrer Sicht eine eigene Deutung erhebt und damit selbst ein Teil der Gegenwart wird.
    - Durch diesen Vorgang ist Blick auf Revolution differenzierter geworden und komplexe Probleme wurden aufgelockert.

1.2 Hannah Arendt über den Modellcharakter der amerikanischen und französischen Revolution (309/M1).

- Französische Revolution unabhängig von amerikanischer entstanden und prägt Begriff der Revolution.
→ Hat die Welt in Brand gesteckt.
- Kolonialisierung Nordamerikas und Errichtung einer republikanischen Staatsform war kühnstes Unternehmen der Europäer in der Neuzeit.
- Amerikanische Revolution wegen Distanz und Isolierung zum europäischen Mutterland entstanden.
→ Französische Revolution deshalb als Maßstab gewählt, da sie in Europa unter größten Widerständen stattgefunden hat.
- Amerikanische Revolution genießt nur regionale Bedeutung, trotz einzigartiger Errungenschaften.
- Französische Revolution genießt wegen daraus folgenden europäischen Aufstandsbewegungen, Begriffen und Werten aus dieser Zeit sowie der historischen Notwendigkeit weltweites Ansehen.
- Modellcharakter der französischen Revolution wegen Persönlichkeiten wie z.B. Robespierre, welche in Amerika fehlten, aber zum Scheitern der Revolution führten.

1.3 Hans – Ulrich Wehler im Interview über die Bedeutung der französischen Revolution (309/M2).

- *„Kontinuität der französischen Revolution bis 200Jahre später?“*
- Enthusiastische Zustimmung der Deutschen bis zur Jakobinerherrschaft.
  - Jedoch schätzten Kant und Hegel z.B. die Werte der Revolution weiterhin.
- Reformpolitik im Rheinbund und Preußen durch Bewunderung/Nachahmung jener Werte entstanden.
- Im 19. Jahrhundert propagieren Nationalkonservative die Revolution als Herrschaft der Guillotine und des Schreckens.
  - Nach Hitler aber wieder ein differenzierter, positiverer Blick auf Ereignisse.
- *„Revolution in gute und schlechte Phase aufteilbar?“*
- Gute Phase: Schafft Vorbild für Abschaffung des Feudalismus, für neue Gesellschaft und Rechtsstaat.
→ Menschenrechtskatalog in Europa durchgesetzt.

- Schlechte Phase: Im Vergleich zur englischen und amerikanischen war französische Revolution nach 10 Jahren gescheitert, da wieder Diktator an Macht.
  - Napoleon hat Errungenschaften aber nicht revidiert (Code Napoleon).
  - Revolution hat keine stabile Gesellschaftsordnung geschaffen und Frankreich wirtschaftlich um 50 Jahre zurückgeworfen.
- *„Eigene Haltung zur 200-Jahr Feier?"*
- Revolution hat keinen Modellcharakter aber Franzosen identifizieren sich damit.
→ Breiter, innerer Konsens und Stabilität der Republik.
=> Blick auf Revolution ist heutzutage sehr verklärt.
- Deutschland fehlte eine erfolgreiche Revolution im 19. Jahrhundert, darum nüchterner Blick.
  - Kontinuität des deutschen Obrigkeitsstaates blockiert das politische Bewusstsein.
- Feier der 1848er – Revolution in Deutschland nicht so erfolgreich gewesen wie in Frankreich.

1.4 Walter Grab über die französische Revolution (311/M3)
- Revolution war zukunftsorientiert.
  - Aufhebung alter Zustände, Durchsetzung des Vernunftsprinzips sowie neuer Staats- und Rechtsordnungen angestrebt.
  - Protagonisten brachen bewusst mit Tradition und strebten Freiheit und soziale Gerechtigkeit an.
- Franzosen wollten politische Macht in Hände des Bürgertums überführen.
  - Von Aufklärung motiviert wurden alle Lebensbereiche von adeliger / geistlicher Bevormundung befreit.
- Befreiungslosung in Menschenrechtserklärung wurde nicht nur unter den Franzosen sondern in ganze Welt verbreitet.
  - Ideen der individuellen Freiheit, rechtlicher und politischer Gleichheit, Sicherheit des Lebens und des Eigentums sowie legitimer Widerstand gegen staatliche Willkür.
- Revolutionäre in Illusion gefangen Aufhebung des „unvernünftigen" Feudalismus führt unmittelbar zu tugendhafter Gesellschaftsordnung.
  - Wollten Moral mit Politik vereinen, haben aber Besitzbürgertum von marktwirtschaftlichen Fesseln befreit.
→ Kapitalistisches Sozialsystem entstand.
- Angestrebte Befreiung von staatlichen und sozialen Beschränkungen musste bei „Vorrecht auf Eigentum" eine Ausnahme machen.
- Erfolg der Revolution darin begründet, dass industrielle <u>Produktivkräfte</u> <u>stark</u> <u>genug</u> waren um mit dem *agrarischen Ständesystem* zu brechen und <u>schwach</u> <u>genug</u> waren, sodass sich noch kein *typischer Antagonismus der Klassengesellschaft* ausbilden konnte.
- Nur dritter Stand gemeinsam konnte Revolution erfolgreich führen.
  - Bourgeoisie war in der Lage Revolution zu führen und zu vollenden, Volksmasse setzte Beschlüsse durch und bietet Rückhalt.
=> Nachdem Volksmassen alte Mächte besiegt hatten, wurden sie von Bourgeoisie um ihren Anteil beraubt.

1.5 Ernst Schulin zur französischen Revolution (311/M4).
- Revolution hat Ziele des fortschrittlichen Absolutismus umgesetzt.
  - Demokratie und Zentralregierung, mit denen später Nationalgefühl einherging.
- Landwirtschaftlich wurde Frankreich ein Land der selbstständigen Kleinbauern.
→ Stärkung des bäuerlichen Mittelstandes führt zu Stabilität und Deradikalisierung.

- Bürgertum verfolgt Sicherung des Eigentums, wirtschaftliche Freiheit und sozialen Aufstieg.
  - Erkennbar an Abschaffung der Stände und Beschränkung der radikalen Demokratisierung.
- Allgemeine Furcht vor radikalen Veränderungen führte zum Ende des Terrors, Unterstützung des Direktoriums und Konsulats.
- Entwicklung Frankreichs nicht anders gewesen, wenn Revolution nach der ersten Phase gescheitert wäre.
- Regierung der Niederlande, Spanien, Schweiz, italienischen und deutschen Staaten durch französische Heere geschwächt.
→ Aufstand gegen alte Regierung einfacher als gegen Revolution.
- Nachahmung des französischen Nationalismus wurde zur stärksten Ideologie im 19. Jahrhundert.
  - Mit Wunsch des Bürgertums nach Zentralregierung vereint worden.
=> Nationalstaatsgründungen resultierten daraus.

2 Historiker über die 1848/49 – Revolution

2.1 Dieter Hein (383/M1).
- Revolution aus Sicht der Zeitgenossen und Historiker gescheitert.
- Moderne Forschung berücksichtigt die langfristigen Folgen.
  - Bauernkriege, Agrarreformen, Durchsetzung des Verfassungsprinzips (außer in Österreich und einigen europäischen Kleinstaaten), Sicherung der Grundrechte und Parlamentarisierung der politischen Ordnung.
- Revolution kann nicht nur nach Intention der Handelnden beurteilt werden.
  - Geschichte geschieht hinter dem Rücken der Akteure.
- Moderne ist von individueller Freiheit, staatsbürgerlicher Gleichheit, marktwirtschaftlich-strukturierter Ordnung, parlamentarischen Verfassungsprinzip und vom nationalstaatlichen Prinzip charakterisiert.
  - Gewichtige Folgen in der Bilanz der Revolution.
- Während der Revolution hat sich Bewegung auf lange zurückreichende Traditionen der kommunalen Partizipation, auf Reichsnationalismus und auf günstige, gesellschaftliche Strukturen gestützt.
  - Baute auf dem Konstitutionalismus, baute mit konkreten politischen Erfahrungen und mit Organisierungsansätzen.
    - Hätte gesiegt, wenn Spannungen und Konflikte nicht wären, welche die Regionen spalteten und die Kräfte hemmten.

2.2 Wolfgang Hartwig (383/M2).
- Revolution erfolglos, doch wichtiger Schritt zu parlamentarischer Demokratie und partizipativen Nationalstaat.
  - Konnten nationale Einheit und freiheitspolitische Forderungen nicht durchsetzten.
  - Moderne Forschung:
    - Revolution bewirkte Übergang Preußens und Österreichs zur Verfassungsstaatlichkeit.
    - Praktizierte Form des modernen Parlamentarismus.
    - Trieb die Auflösung der Ständegesellschaft an und gab einen Politisierungsschub (Hat das politische Bewusstsein der Einwohner geweckt).
=> Änderte politische Kultur in Deutschland nachhaltig und empfahl die kleindeutsche Lösung.
- Bauern und gewerbliche Schichten verfolgten traditionelle Ziele.

- Politische Demokratie wurde vielfach mit der sozial-konservativen Weltordnung und Forderungen verbunden.
- In Kirchen wurden die Konservativen modernisiert.
- Revolution scheiterte an Überlastung der Akteure, an sich überschneidenden, gegenseitig verstärkende Aufgaben und Problemen.
- Es setzten sich militärisch-bürokratische Machtapparate durch.

2.3 Winkler (384/M3).

- Stadelmann nennt Scheitern der Revolution verhängnisvoll für politische Entwicklung der Deutschen.
  - Grund für die Schwäche der freiheitlichen Tradition in Deutschland, für die Brechung des liberalen Bürgertums und für den Obrigkeitsstil in der Bevölkerung.
- Ohne einen gesamteuropäischen Krieg wären die Forderungen niemals zu sichern gewesen.
  - Können den Liberalen dafür keinen Vorwurf machen.
- Stadelmann kennt nur die Weimarer Demokratie, nicht die zweite deutsche Demokratie, wie Winkler.
- Revolution hat das Bewusstsein der Menschen nachhaltig geprägt.
  - Mauerfall entstand durch das politische Bewusstsein der Bürger.

3 Historiker über die Industrialisierung

3.1 Nationalökonom Hildebrandt über Zusammenhang Industrialisierung und Arbeiter 1848 (425/M3).
  - War Delegierter im Frankfurter Vorparlament.
  - War in Nationalversammlung im Ausschuss für Volkswirtschaft und Schul-/Kirchenangelegenheiten tätig.
- Arbeitsteilung, Maschinen etc. haben vorerst Wirkungen gezeigt, da Steigerung der Produktivität etc..
- Erfindungen haben untere Schicht nicht verarmt, aber deren Elend aufgezeigt.
  - Hat Elend, Laster, Reichtum, Bildung, sittliche und geistliche Kräfte konzentriert und darum ans Licht gebracht.
  - Haben Arbeiter genötigt Branche zu wechseln und führten zu Beweglichkeit des Geistes und Selbstvertrauens.
- Industrie hat Arbeiter an Arbeitsteilung, Maschinenbedienung etc. gewöhnt und in Tatkraft und Energie großgezogen.
- Wandeln von isolierten Berufsgenossenschaften zu großen Gemeinschaften.
  - Dadurch Selbstbewusstsein, gesellschaftliche Ansprüche erhoben und Trieb nach Perfektion geweckt.
- Industrielle Neuerungen weiten Herrschaft über Natur aus.
- Maschinen verringern Löhne, zwingen zum Branchenwechsel und befreien Arbeiter von jeder geisttötenden und mechanischen Tätigkeit.
  - Dies führt in Zukunft dazu, dass physischen Bedürfnisse leichter gestillt werden und geistige Bildung zugänglicher und umfangreicher wird.

3.2 Marianne Gronemeyer über die Folgen der Beschleunigung in der Moderne (452/M3).
- Verfasste eine Studie zum Zeit- und Todesbewusstsein der Moderne.
- Beschleunigung ist eine Variante des verachtenswerten Utilitarismus.
  - Utilitarismus betrachtet alles nach Nützlichkeit, also nach weiterer Beschleunigung.

- Einen wahrhaftigen Teufelskreis bilden: Banalität, Utilitarismus und Beschleunigung.
- Utilitarismus bringt kein Drittes hervor, wie z.b. das Denken, sondern entfacht durch Egoismus weitere Beschleunigung, welche sich als letztes Mittel des vergänglichen Lebens stetig neu empfiehlt.
- Das Trio: Banalität, Rekordzeit, Utilitarismus ist vernichtend:
  ○ 1. Alle langsamen Formen der Weltberührung werden verdrängt.
  ○ Beschleunigung ist nicht gleich Schnelligkeit, da z.b. in der Musik auch Langsames zur Schnelligkeit gehört.
  ○ Das schnellstmögliche Tempo behauptet sich gegen alle langsameren Bewegungen.
  ○ Zitiert P. Virilos' Gesetz: Eine höhere Geschwindigkeit verdrängt irgendwann immer eine ihr unterlegene Geschwindigkeit.
  ○ Dies gilt nicht nur für die Fortbewegung, sondern für alle denkbaren Weltkontakte.
  ○ 2. Die Menschen und die Welt werden vereinfacht, die Individualität schwindet, Reduktion auf die Fähigkeit der Mobilisierung.
  ○ 3. Mensch und Welt büßen ihr Da-Seins-Recht ein.
  ○ Es zählt nur dass, was im Bewegungswirbel umgesetzt werden kann.
  ○ Beständigkeit und Standhaftigkeit werden entwertet.
  ○ 4. Die Beschleunigung schafft eine gewisse Gleichgültigkeit.
  ○ Das was der beschleunigte Mensch haben will, muss ihm gleichgültig sein, da er sonst in der Beschleunigung scheitern wird.
  ○ Diese Gleichgültigkeit ist die Voraussetzung für eine kalte Zerstörungsbereitschaft.
  ○ Alle eingegangenen Verhältnisse werden unter Zeitdruck nützlich und banal gemacht, sodass Respekt und die Grenze zwischen dem Erlaubtem und nicht Erlaubtem schwindet.
- Projekt der Lebensverlängerung durch die Beschleunigung ist gefährlich und enttäuschend.
  ○ Enttäuschung, da Beschleunigung öde Gleichförmigkeit hervorbringt.
- Maschinelle Beschleunigung treibt besonders die Verrohung aller Beziehungen voran.
  ○ Macht die Gesten und damit auch die Menschen roh und nimmt Gebärden jedes Zögern, Bedacht und Gesittung.
  ○ Zitiert Adorno: In den Bewegungen, mit denen der Arbeiter die Maschinen bedient spiegeln sich die gewaltsamen, unaufhörlichen, zuschlagenden, gar faschistischen Misshandlungen wider.
- Der Mensch ist unzufrieden mit dem Ergebnis seiner Bemühungen um Lebenserweiterung.
- Menschen können sich nicht so einfach von der Höchstgeschwindigkeit abwenden.
  ○ Zitiert L. Baier: Beschleunigungszwang ist kein Phänomen unserer Zivilisation, dass sich einfach zu beseitigen ließe, es ist in die Natur, Gesellschaft und jedes einzelne Individuum eingedrungen und hat irreversible Schäden hervorgerufen.

3.3 Hoimar von Ditfurth über das Verhältnis von Ökonomie und Natur (451/M2).

- Die Menschheit steht vor einer großen Aufgabe, welche einst überlebensnotwendig war, dich nun lebensbedrohlich wird.
  ○ Der Sieg über die Natur war so groß, das sie nach dem bisherigem Vorgehen untergehen wird.
- Die freie Entfaltung der 'Marktwirtschaftlichen Intelligenz' und die Zunahme dessen Einflussbereiches sorgen für die verheerenden Auswirkungen auf die Natur.
- Spricht häufig davon, dass seine Erkenntnis erst neu entdeckt wurde.
- Emissionsschäden im Wald und an Gebäuden, einige Großstädte unter der Luftverschmutzung, Auslösung von Smogalarm, gesundheitliche Gefährdung der Bewohner, Schadstoffbelastetes Trinkwasser, chemische Rückstände in Nahrungsmitteln machen die Öffentlichkeit auf die Probleme aufmerksam.

- Wirft die Frage auf, ob dies Kollateralschäden seien, die man eingehen müsse um die freie Marktwirtschaft aufrechtzuerhalten.
- Es gibt unbegründete Schuldzuweisungen und bequeme Feindbildprojektionen gegen 'die Industrie' und 'dessen Profitstreben'.
- Jedoch werden wichtige und interessante Zusammenhänge sichtbar.
  - Zitiert Gerhard Sherhorn: Die Natur ist innerhalb des marktwirtschaftlichen Gesellschaftssystems rechtlos.
    - Verlangt keinen Lohn wie die Arbeiter, wird nicht gepflegt wie andere tote Objekte (z.B. Maschinen).
    - Gesellschaft betrachtet die Natur als vogelfrei.
- Es hat jedoch schlimme Folgen die Natur zum eigenem Vorteil auszubeuten.
  - Möbel aus Tropenholz kosten nur Rampschpreis, da Beschaffungskosten in Niedriglohnländern kalkuliert wurden.
  - Der reale Preis wäre jedoch deutlich teurer.
- Die Betriebsloyalität erachtet es für pflichtgemäß der anonymen Allgemeinheit Nachteile zuzuschreiben um Kosten einzusparen.
  - Dies hat schlimme Folgen für die Natur.
  - Interne Kosten werden externalisiert, Kosten werden nur eingerechnet, wenn nicht auf jemand anderes abwälzbar sind.
  - Beispiele von Scherhorn:
    - Auf die Umwelt; Giftmüll in Flüsse, Schadstoffe in Atmosphäre
    - Auf den Steuerzahler; Der Staat übernimmt die Kosten für die Trinkwasseraufbereitung, kauft unrentable Produkte auf und übernimmt die Lehrlingsausbildung.
    - Auf den Konsumenten; Schadstoffe in der Nahrung.
- Scherhorn's Fazit:
  - Das ökologische Denken begünstigt das Tragen von Kosten.
  - Das ökonomische Denken ist der Versuch die Kosten abzuwälzen oder nicht zu berücksichtigen
=> Der Leittragende ist die durch keinerlei Besitzrechte geschützte Natur.

3.4 Klages über die Folgen des industriellen Fortschritts (450/M1).
- Wirkungen des Fortschritte haben das Bild der Städte verschlimmert.
- Zusammenhang des Menschen mit der Natur nachhaltig zerrissen.
- Schienen, Telepraphendräthe und Starkstromleitungen verändern das Landschaftsbild.
- Graue, vielstöckige Mietskasernen u.a. zerschneiden die Natur in rechteckige oder quadratische Stücke.
- Gräben werden zugeschüttet, Hecken getrimmt, Weiher ausgetrocknet, die blühende Wildnis muss dem Fortschritt weichen.
- Gewundene Flüsse werden durch Kanäle begradigt, Wasserfälle werden zur Stromerzeugung genutzt.
- Das Giftwasser der Fabriken verpestet die Küsten- und Flusslandschaften.
- Schöne Festländer wandeln sich zu grauen Großstädten.
  - Zitiert von Armin: Wälder werden abgeholzt, Ausruf zum Stoppen der Verunstaltung.
  - Zitiert Lenau: Man hat die Natur an der Gurgel gepackt.
- Der Mensch ist der entartete Sohn der Erde.
  - Zitiert Heimatschutz: 30-jähriger Krieg hat das Bild der Städte und des Landes nicht so stark verändert wie die Industrialisierung.
- Die Erschließung weltfremder Gegenden ist eine Verwüstung.
- Die Naturvölker sind nahezu alle ausgelöscht worden durch Aushungerung, Unterwerfung, Opium, Syphilis, Alkohol.

- Indianer, Aborigines, Polynesier, Negervölker mussten der Zivilisation weichen.
- Vernichtung unter dem Vorwand des Nutzens, der Entwicklung oder Kultur.
- Sichtbar an der Waldrodung, Verringerung der Artenvielfalt, Vernichtung der Naturvölker.
- Verunstaltung der Natur durch Gewerbe, Entwürdigung der Lebewesen.
- Im Dienste der Vernichtung steht die Technik und die größere Domäne der Technik.
- Menschen leben nicht mehr sondern existieren nur noch.
- Als Sklaven des Berufes, im maschinenhaftem Dienste stehend.
- Als Sklaven des Geldes, unmoralisches Handeln für Geld.
- Als Sklaven der großstädtischen Zerstreuung.
- Jedoch fühlen genauso viele den Zusammenbruch und die wachsende Freudlosigkeit.
- Noch nie gab es eine solch große Unzufriedenheit.
- Gruppen bilden sich um Sonderinteressen durchzusetzen.
- Innerhalb der Gesellschaft treffen Gewerbe, Stände, Völker, Rassen, Bekenntnisse auseinander.
- Innerhalb der Gruppen Eigensucht und Ehrgeiz der Einzelmenschen.
- Mensch deutet das Bild der Natur immer nach seinem Zustand.
- Glaubt in der Natur ein wüstes Ringen um Macht zu sehen.
- Will sich die Welt untertan machen.

3.5 Max Weber: Wirtschaft und Gesellschaft (429/M8).

- Die Interessen des Kapitalismus den Markt zu erweitern gelten nur solange, bis den Unternehmern entweder durch politische Privilegien, durch ihre Kapitalkraft oder durch Monopolbildung die Erschließung des Marktes durch sich selbst ermöglicht ist.
- Dies kann nur geschehen, wenn die Interessen des Kapitalismus die güterbesitzenden / güterverwerfenden Gemeinschaften beeinflussen oder durch Monopolgemeinschaften die Überhand gewinnen. Das bedeutet, der Kapitalismus muss zuerst die ständischen Monopole sprengen.
- Des weiteren müssen die Kapitalisten die Beschränkungen von der regulierenden Gemeinschaft erwerben und erwerbbare Recht auf sachliche Güter / vereinbarte Arbeitsleistungen erwerben.
  - Dadurch werden alle ständischen Absatzmonopole und Konkurrenten vernichtet.
- Dieser Zustand ist freie Konkurrenz und dauert so lange, bis ein anderes Monopol mit dem jetzigem konkurriert.
- Der Unterschied vom kapitalistischem Monopol zum ständischem ist die ökonomische, rationale Bedingtheit.
- Das ständische Monopol schließt rationale Kalkulation und Marktmechanismus des Außenhandels durch die Beschränkung der Verkaufsmöglichkeiten / der zulässigen Verkaufsbedingungen innerhalb des eigenen Machtbereiches aus.
- Die Besitzmonopole beruhen auf Monopollistenpolitik, welche dir formell freibleibenden Marktvorgänge rational lenkt und beherrscht.
- Die rationale Marktpreisbildung ist eingeschränkt durch eine langsam verschwindende Bindung an Kirche/Tradition/Ständesystem.
  - Rein ökonomisch bedingte Monopole sind konsequent.
- Macht der ständischen Monopolisten schränkt den Markt ein, ökonomischer Monopolist herrscht durch den Markt.
- Man soll den Kapitalisten, welche sich durch formale Marktfreiheit Macht aneignen wollen die Marktinteressen entziehen.
- Für Zeitgenossen war die Jahrhundertwende der Aufbruch in die Moderne.
  - Die Menschen im Kaiserreich unter Wilhelm galten als Übergangsmenschen

- Wilhelminischer Staat war wirtschaftlich sehr modern, jedoch politisch nicht besonders.
- Es gab viele Veränderungen in kürzester Zeit:
  - Die Einen bekommen den Fortschrittsoptimismus, die anderen werden verunsichert und lehnen Moderne ab, da sie nicht von der Industrie profitierten.
=> Dieses zwiespältige Verhältnis zur Moderne charakterisiert die deutsche Gesellschaft kurz vor dem 1. Weltkrieg.

3.6 Schmoller über den Aufstieg des angestellten Unternehmers (455/M4).

- Großbetriebe sind autonome Anstalten für Produktion, Handel, Verkehr und haben eigentümliche Verfassung und eigenes Leben.
- Intimer Charakter der Kleinbetriebe verschwunden weil Existenz vieler Gruppen von Großbetrieben abhängt.
  - Aktionäre, Teilhaber, Meister, Arbeiter, deren Familien, Händler, Lieferanten, Konkurrenten haben Interesse am Auf- und Niedergang des Betriebes.
  - Lage, Einrichtungen etc. werden zu Gemeinde-/Bezirksangelegenheiten mit Rückwirkungen auf Steuerkraft, Schulwesen etc.
- Großbetriebe wandeln Volkswirtschaft zu einem gesellschaftlichem Prozess, in welchem priv. und öffentl. Angelegenheiten komplizierter werden.
- Großbetriebe werden zum Mittelding zw. Privatem und öffentlichem Haushalt.
- Jedoch rückt an Stelle des Geschäftsführers immer mehr das Kapital, Hauptaktionär ist nicht mehr Spitze, Unternehmen ist fremdgesteuert.
  - Kreditentwicklung und Beschränkung der Haftung haben diese Entwicklung vorangetrieben.
  - Neuer kaufmännischer Beamtenstand liefert brauchbare Intelligenz zur Verwaltung von Fremdkapital und Leitung der Geschäfte.
  - Man kann fähige/'richtige' Leiter für Betriebe nur mit ausreichend Gewinnbeteiligung anheuern.
- Diese Veränderungen verschoben die Stellung des Kapitals.
- Je größer der Betrieb, desto mehr Fremdkapital.
  - Aktionäre nur auf Verzinsung des Kapitals aus.
- Geld wird vom Herrscher zum dienendem Glied.
  - Kapitalisten leiten keine Geschäfte mehr, sondern geschäftliche Interessen.
- Unternehmergewinn in hochqualifizierte Arbeiter investiert.
- Kapital auf alle Anteilhaber verteilt, sodass auf Kunden und als Prämien in die Taschen der Arbeiter und Angestellten gelangt.

3.7 Sombart über die Veränderungen in der Unternehmertätigkeit (446/M5).

- Aufgaben des modernen kapitalistischen Unternehmers sind unverändert geblieben.
  - Eroberung, Organisation, Verhandlung, Spekulation, Kalkulation
- Jedoch haben sich einige Einzelbetätigungen an der Gesamttätigkeit verändert.
  - Verhändler gewinnt mehr an Bedeutung, da Erfolg von Geschicklichkeit und Kraft der Vertragsabschlüsse abhängt.
  - Spekulationen auf der Börse gewinnen zunehmend an Bedeutung.
    - Trustbildung(Verbindung mehrerer Firmen) ist nur Verwandlung von Produktionsgeschäften in Börsengeschäfte, daher wird Leiter der Produktion mit neuen Aufgaben konfrontiert.
    - Kalkulation wird vereinfacht und optimiert, daher immer schwieriger.
=> Tätigkeit des modernen Unternehmers wird vielseitiger durch kombinierte Unternehmungen aus allen Wirtschaftszweigen.

- Die unternehmerischen Tätigkeiten werden nun nicht mehr an Anforderungen eines lebendigen Menschen oder an Menge der zu verarbeitenden Güter gemessen.
- Das Tun des Unternehmers ist grenzenlos geworden.
- Wirtschaftliches Verhalten des Unternehmers wird in folgende Regeln eingeteilt:
- a)
  - Jede Aufgabe unterliegt der höchstmöglichen Rationalität, das war seit jeher Bestandteil des Kapitalismus
    - äußert sich in Plan-,Zweck- und Rechnungsmäßigkeit.
  - Hauptunterschied zwischen Frühkapitalismus und modernem ist die strikte, folgerichtige, unbedingte Durchführung der rationalen Grundsätze auf allen Ebenen.
- b)
  - Wirtschaft ist auf Tauschgüterproduktion ausgerichtet.
  - Höhe des Gewinns ist einziges, vernünftiges Ziel des Kapitalisten, daher entscheidet die Absatzfähigkeit und nicht die Art der Herstellung über die Gütererzeugung.
    - Dies führt zu Gleichgültigkeit ggü. Produktion von Schundwaren und nicht vollwertigen Warenersätzen.
  - Weil Höhe des Absatzes über Profit entscheidet und Möglichkeit der Profiterzielung auszudehnen gewünscht wird, ist es das Ziel jedes Unternehmers den Absatz zu vergrößern, da ihn dies Vorteile im Konkurrenzkampf einräumen wird.
- c)
  - Aufmerksamkeit und Kauflust des Kunden sollen durch Bedrängen geweckt werden.
    - Aufmerksamkeit durch signifikante Werbung, Kauflust durch falsche Versprechen (Ware sei preiswert).
    - War im Frühkapitalismus undenkbar!
    - Verfolgung dieses Zwecks führt zur Zerstörung der Schicklichkeit, Geschmack, Anstand, Würde.
- d)
  - Verbilligung der Produktion und des Absatzes erstrebt um den Kunden anzulocken.
- e)
  - 'Ellbogenfreiheit' gefordert um Erwerbsziel ungehindert zu erreichen
    - 1. Freiheit zu tun und lassen was man will, keine Einschränkungen durch Recht / Sitte.
    - 2. Idee eines völlig rücksichtslosen Erwerbs.

=> Unternehmer verfährt skrupellos bei Wahl der Mittel, es gibt keinerlei Bedenken aus sittliche, ästhetischen oder gemütlichen Sicht
- Erwerbswert hat Primat über alle anderen Werte.

3.8 Wehler zur Unternehmenskultur im Kaiserreich (447/M6).
- Feudalisierung, Militarisierung, patriarchales System etc. setzen das Bild des Herr-im-Haus in der Industrialisierung fort.
  - Unternehmer lebt Macht über Untergebene aus, ist sich Abhängigkeitsverhältnis bewusst.
- Dieses symbiotische Verhältnis lebt in abgewandelter Form in den Industrieunternehmen fort.
- Unternehmer orientieren sich am Adel-Lebensstil (z.B. Wohnungen, Prunk).
- Herr-im-Haus-System entsteht: Fabrikherr bestimmt Leben der Arbeiter.
  - Dieser Pathos führt zu Effektivität, aber auch zu Protesten und seelischen Widerständen der Arbeiter.
- Unternehmer übernimmt auch öffentliche Ämter, z.B. besonders fleißige Arbeiter zu belohnen.
- Selbstverständnis des Unternehmers das Kapital zu vermehren, aber auch Arbeiterwohl zu sichern für Aufrechterhaltung der Produktion.

- Daher führt eine Mischung aus väterlicher Sozialpolitik und offener Repression zu Kontrollmonopol im Betrieb.
- Durch Belohnungen von Leistungen etc. wird nicht nur der Facharbeiterstamm angebunden, sondern auch für Entsolidarisierung gesorgt, d.h. Ruhe und Frieden während der Arbeit bewahrt.

=> Belohnungen sind Verhaltensbeaufsichtigungen für eine Sozialdisziplinierung
- Strafen für Faulheit etc. vorgesehen. → Prämienverweigerung.

- Sozialdemokratie, Gewerkschaften, sozialdemokratische Druckschriften wurden untersagt und als anstößig empfunden.
- **Thesen:**
- Unternehmer orientiert sich am Vorbild der adeligen Rittergutsbesitzer.
→ Herrschaft über Land und Leute zu Herrschaft über Betrieb und Arbeiter.
- Herr-im-Haus-Politik:
  - patriarchales, autoritäres Verständnis
  - militärischer Gehorsam, Drill als Teil der Unternehmenskultur und des gesellschaftlichen Systems im Kaiserreich (Obrigkeitsstaat).
- Paternalistische Sozialpolitik:
  - *Zuckerbrot* und *Peitsche* wird zu *Sozialfürsorge* und *Kontrolle bis ins Privatleben.*
- Ziel: Entsolidarisierung der Arbeiter durch das Belohnungssystem.
  Angst vor Sanktionen fördert das Wohlverhalten.

4 Historiker über die deutsche Staatsgründung

4.1 Ulrich Wehler über konstitutionelle Monarchie 1871 (482/M4).
- Monarch kontrolliert 2/3 des Staates: Bürokratie, Diplomatie, Heer, gesamten Verwaltungsapparat und Außenpolitik.
  - Machtgefüge eines absolutistischen Staates bleibt faktisch erhalten.
  - König hatte entscheidenden Einfluss auf Verfassung.
- Machtfaktoren des Staates werden vom Monarchen und Beratern kontrolliert, welche er zum eigenen Vorteil einsetzte.
=> Trotz Verfassung bleibt Kern des traditionellen Herrschaftssystems erhalten.
- Reale Machtverhältnisse hatten sich nur kaum geändert.
4.2 Nipperdey über konstitutionelle Monarchie 1871 (482/M5).
- Monarchie hat Kommandogewalt, jedoch ist Reich konstitutionell.
→ Rechtsstaatliche Normen vorhanden.
- Minister, Kanzler und Monarch sind gleichberechtigt.
- Regierung ist abhängig vom Vertrauen des Volkes.
- Geschichte ist geprägt vom Verhältnis Regierung zum Parlament zur Öffentlichkeit.
=> Regierung hat keinen Einfluss auf Politik.

5 Historiker über den Hererokrieg

5.1 Albert Wirz über den Hererokrieg (539/M1).
- **1897** sterben 2/3 der Rinder von den Herero an der Viehpest.
→ Herero befinden sich in wirtschaftlicher Abhängigkeit zu Europäern und müssen ihr Land als Geschäftsobjekt ansehen.
  - Doch waren sozialpsychologische Auswirkungen größer als ökonomische.
    - Bley nennt es kulturelle Krise der Herero.
    - Europäer profitieren vom Elend der Herero.

- Strömen wegen Eisenbahnbau und finanzieller Unterstützung der Behörden nach Afrika.
- **1897-1903** Bevölkerung der Weißen von 2828 auf 4682 gestiegen (Beamte, Kaufleute, Farmer, Handwerker, Missionare).
  - ○ Auswirkungen waren gravierend, da wenige Weiße in die Siedlungen kommen und die afrikanischen Werte und Ordnung missachten.
    - ▪ Waren überzeugt, dass Naturvolk seinem Untergang geweiht war und zeigten diese Haltung öffentlich.
  - ○ Verstöße der Weißen waren zahlreich und oft von Regierung gedeckt.
  - ○ Regierung und Missionare wollen Reservate zum Schutz vor den Weißen bauen lassen.
- → Eingeborene sehen dies als Beginn der allgemeinen Enteignung.
  - ○ **1903** Bau der Otavibahn durch einheimisches Siedlungsgebiet.
    - ▪ Herero müssen Land ohne Abfindung abtreten.
    - ▪ Es herrschte zwar keine Landnot, doch waren die Herero Halbnomaden und an viel Platz gewöhnt.
- → Mussten sich eingeschränkt gefühlt haben.
  - ○ **1903** Verordnungen des Gouverneurs setzt Verjährungsfrist für Schulden auf 1 Jahr herab.
    - ▪ Händler treiben ausstehende Schulden mit allen Mitteln ein, sogar mit Viehpfändungen, welche als Diebstahl galten und gleichbedeutend mit einer Kriegserklärung waren.
- => Riesige Vieherden der Herero schrumpfen, Europäer verleiben sich viele Weidenländer ein, soziale Diskriminierung und allgemeine Rechtsunsicherheit konfrontieren jeden.
  - ○ **Januar 1904** Abzug deutscher Truppen aus Afrika.
    - ▪ Herero greifen unter Samuel Maherero an, welcher durch Tod seiner Rivalen und Geld aus Landverkäufen eine neue Machtposition bekam.
  - ○ Deutschland droht mit allen Afrikanern so wie mit den Herero zu verfahren.
    - ▪ 10 Monate nach Beginn des Hereroaufstands schließt sich Stamm der Nama an, obwohl es vorher auf der Seite der Deutschen war.
- Deutsche Kolonialpolitik artete derart aus, dass es gegen europäische Rechtsgrundsätze verstieß.
- Damaliges Denken als Erklärung genommen, Vernichtungskrieg nur möglich, wenn Ungleichheit damals legitimiert wurde.
- Es entsteht die Frage nach der Dimension des Unrechts und ob der Hererokrieg ein Völkermord war.
- Dieser Krieg ordnet sich in einer Reihe der deutschen Vernichtungspolitik bis zur Shoa ein.
- Auch die heutige Frage nach Verantwortung und Wiedergutmachung ist aufgeworfen worden.

5.2   Interview mit dem Häuptling der Herero in Namibia (546/M12).
  - ○ Was war Hintergrund des Aufstandes 1904 und welche Verbrechen haben die Deutschen begangen?
    - ▪ 1892: deutsche Regierung hat durch Gouverneur Francois und Leutwein über willkürliche Beschlagnahmung des Landes und Viehs der Herero verfügt.
      - Erster Höhepunkt war Beschlagnahme von Windhuk, wo Herero 13 km² fruchtbarsten Boden verloren haben.
        - ○   Gebiet wurde Niemandsland und an UK gegeben.
      - Durch Schutzverträge mit den Häuptlingen wollte Leutwein Vieh und Land der Herero schrittweise an die Deutschen abgeben.
      - **1894** schloss Leutwein Vertrag mit Maherero, welcher nördlichste Landesgrenze der Herero festlegt. → Hererogebiet wurde halbiert.

15

- Lokale Rebellionen von Leutwein ausgenutzt um Vieh und Land zu beschlagnahmen.
- Bis 1903 hat sich DE 30km² Land und 70.000 Viehtiere der Herero angeeignet.
- Wert des Viehs auf 14Mio. DM geschätzt.
- Alles genannte und der Bau der Eisenbahn durch das Hereroland mit einem 20km breitem Streifen auf beiden Seiten (Wasserquellen eingeschlossen), beansprucht von der Atavie-Gesellschaft, führten 1904 zum Aufstand.
- DE tötete 80% der Herero, sogar Frauen und Kinder, die Zuflucht in den Missionen gesucht haben.
- Überlebende wurden in die Wüste geschickt.
- Wie viele tote Hereros gesamt?
- Seit 1886 86.000 Hereros getötet worden / verschollen, bestätigt durch viele Quellen und deutsche Dokumente.
- Sie haben Wiedergutmachung wie bei Juden von DE gefordert, wie hoch?
- Knapp 1 Mrd. € als Wiedergutmachung für Tote, Vieh- und Landbeschlagnahme.
- Geld wird für Kauf von Farmen verwendet um Tausenden zu helfen.
- Zur Erneuerung des überweideten Bodens, wo Südafrika die Landlosen ansiedelte.
  - Nichtregierungsorganisation damit beauftragt.
- Wann haben sie als Anführer zum erstem Mal Wiedergutmachung gefordert?
- Wie waren die Reaktionen führender Politiker?
- Wiedergutmachung schon lange ein Thema, schon vor Unabhängigkeit, aber nun kommt Forderung besser zur Geltung.
- 1. Brief am 24. November 1989 an Kohl verschickt, noch immer keine Antwort bekommen.
- Auswärtiges Amt will Forderung nur von Regierung Namibias vorgetragen bekommen, ihre Meinung?
- Haben davon erfahren, Präsident von Namibia betrachtet Forderungen als berechtigt.
- Präsident ermutigte sogar Reparation für Nama-Stamm, wenn DE positiv antwortet wird Namibia die Verhandlungen bis zum Schluss führen.

5.3 Delius über Wiedergutmachung an Herero und Nama (547/M13).

- 100 Jahre nach Völkermord noch immer keine offizielle Entschuldigung DE's an die Opfer.
- Diese würde Namibias Bevölkerungsschichten versöhnen.
- Deutsche Geschichte zeigt, dass Gewaltherrschaft und Menschenrechtsverletzungen kein Tabuthema bleiben sollen, da Gesellschaft nur aus Fehlern lernen kann.
- Deutsche Politiker betonen dies in Reden über den Holocaust.
=> Gleiches soll für Völkermord in Namibia gelten.
- Integration der deutschstämmigen Bevölkerung in Namibia leichter, wenn sich für Genozid entschuldigt werden würde.
- Herero, Nama und andere warten auf Wiedergutmachung für geraubtes Land.
- Andere europäischen Kolonialmächte haben sich kritisch mit der Verantwortung über Menschenrechtsverletzungen auseinandergesetzt, DE aber nicht (genug).
- In deutschen Schulbüchern wird Aufstand nicht erwähnt oder als Hottentottenkrieg (Sammelbezeichnung für Afrikaner) bezeichnet.
=> Dies zeigt, wie wenig sich die Öffentlichkeit mit der deutschen Kolonialgeschichte beschäftigt.
- **März 1998** Bundespräsident sorgt sich beim ersten Besuch eines deutschen Staatsoberhauptes in Namibia mehr um das Schicksal der deutschen Minderheit.
- Konflikt der Kolonialverwaltung mit den Herero sei ein düsteres Kapitel in bilateraler (2seitig) Beziehung.

- Moralische Verantwortung eines jeden Deutschen, jedoch kein juristischer Anspruch, da die Völkerrechtsbestimmungen erst nach dem 2. WK eingeführt wurden.
- Keine förmliche Entschuldigung, da Unrecht von anderen Generationen begangen wurde.
  - Delius: Gnade der späten Geburt soll nicht angeführt werden.
  - Auch findet Delius die Argumentation fragwürdig, die behauptet:
    - Völkerrechtliche Normen zum Schutz der Aufständischen und der Zivilbevölkerung wurden erst nach dem 2. WK entwickelt.
    - Begriff Völkermord erst am 9. Dezember 1948 geprägt durch die Konvention über die Verhütung und Bestrafung des Völkermordes.
  => Darum bestehe kein Anspruch auf Wiedergutmachung.
  - Delius findet es überraschend, wie leicht DE die Wiedergutmachungsforderungen Afrikas mit den obrigen Argumenten verwirft.
    - Diese Geschehnisse sollen nicht mit zweierlei Maß gemessen werden.
- **1. September 2001:** Weltrassismus Konferenz wiederholt den Appell an DE, sich für den Genozid zu entschuldigen.
  - Rede von Fischer (Außenminister) sehr allgemein, spricht davon, dass vergangenes Unrecht nicht wieder gut gemacht werden könne.
    - Schuld anzuerkennen und Verantwortung zu übernehmen kann Nachkommen die geraubte Würde zurückgeben, das wolle er hier und heute für DE tun.
  => Auswärtiges Amt betont, dass dies keine offizielle Entschuldigung darstelle.
- **April 2003** Afrikabeauftragte besucht Namibia, lehnt Forderungen nach Reparationszahlungen und Finanzhilfen ab.
  - Herero wollten Farmland mit deutscher Unterstützung zurückkaufen.
- Afrikabeauftragte: Herero litten nicht als einzige unter der deutschen Fremdherrschaft, Herero mit finanzieller Unterstützung auszusondern sei ungerecht.
  - Alle Völkergruppen sollen gleichermaßen von den deutschen Entwicklungshilfen profitieren.

6   Historiker über den Imperialismus

6.1   Günther Spraul (545M11).

- Geschichtswissenschaft und Publizistik beschäftigen sich mit der Frage nach der Kontinuität der deutschen Geschichte.
  - 1945 bildet Zäsur in Nationalgeschichte, darum interessieren nicht nur die Fragen nach Kontinuitätslinien in außenpolitischen Zielen oder nach sozialen Eliten, sondern auch nach geistig moralischen Wurzeln, welche den grausamen Ruf der Deutschen erklären.
- Gewalttätige Tradition wird gesucht, reduziert sich nicht nur auf Hitler, sondern zunehmend auf die Kolonialpolitik und den Umgang mit Hereroaufstand.
  - Kolonialer Frühfaschismus führte zum ersten Völkermord.
  - 30 Jahre vor Hitler seien erste Konzentrationslager gebaut worden und Herrenmenschentum praktiziert worden.
  => Parallelen zwischen Kolonialpolitik und drittem Reich in Bezug auf Ziele und Methoden.
- Meldungen eines Aufstandes waren überraschend und Auftrag der schnell mobilisierten Truppen nur vage abgestimmt.
  - Kaiser befahl beenden des Aufstandes.
  - Auswärtiges Amt musste Kosten tragen und forderte zurückhaltend die eventuell-notwendige Entwaffnung der Eingeborenen, weshalb die Truppen bis zum Ende verstärkt werden mussten.

17

- Bei der Verabschiedung des ersten Truppentransportes forderte der Kaiser Ruhe und Ordnung.
- Soldaten sollen bis zum Frieden kämpfen, danach trösten und aufrichten.
- SPD macht Soldaten Vorwürfe, die Herero vernichten zu wollen, daher intensiverer Diskussionen im Reichstag.
  ○ Abgeordneter: Entwaffnung energisch aber human durchzuführen.
- Aufruhr, wegen Befehl keine Gefangenen zu machen, wurde vom Reichskanzler und Kolonialdirektor zurückgewiesen, Ausschreitungen seinen Sonderfälle.
  ○ Zivilisierte Kriegsführung betrieben, von Trotha werde ohne Grausamkeiten vorgehen.
- Dauer des Aufstandes führt zu schwindendem Interesse des Kaisers.
  ○ Von Zeitgenossen verständnislos wahrgenommen.
- **Anfang Mai 1904** von Trotha erhält keine neuen Instruktionen vom Kaiser.
  ○ Ließ ihn aber wissen, dass er Aufstand mit allen Mitteln beenden möchte.
- Leutwein sucht Versöhnung mit den Herero.
  ○ Trotha macht von vermeintlicher Freiheit Gebrauch und lehnt Haltung Leutweins ab.
- Für von Trotha standen bei seiner Proklamation 2 Dinge im Vordergrund:
  ○ Vergeltung für Kampfweise der Herero und Vertreibung der Überlebenden.
- Trotha stellt Eingeborene vor die Wahl: Tod durch Verdursten oder durch Kugel.
- Trotha trichtert Soldaten jedoch immer wieder ein, an Frauen und Kindern nur vorbeizuschießen, damit diese in die Wüste fliehen.
- Öffentlichkeit ist empört über Bekanntgabe der Befehle, daher greift Kanzler ein.
- Man hatte die Herero vorher nicht gezählt, sodass Todesursache und Anzahl der Toten ungenau bestimmt werden kann.
  ○ Sowjetischer Statistiker: 30.000 Tote | Drechsler: 50.000 Tote.
- Völkermord löst in historisch-politischen deutschen Sprache beim Leser Emotionen und Assoziationen aus.
- Man ist von Praktiken des Nationalismus' vorurteilhaft beeinträchtigt.
  ○ Schlieffen hat DE zum Völkermord geleitet.
  ○ Trotha hat Genozidbefehl gegeben.
  ○ Beutegut wie in faschistischen Konzentrationslagern gemacht.
=> Doch ist diese einseitige Haltung im Bezug auf die nationalsozialistischen Grundlagen des Heseroaufstands haltbar bzw. einzigartig in DE.
- Europäische Rechtsgrundsätze sind von den Truppen unter Trotha gebrochen worden.
  ○ Als Folge starben Massen durch Verdursten bzw. Verhungern.
    ■ Jedoch nicht nachweislich von Regierung befohlen worden.
- Widersprüchliche Befehlsstruktur und Nichtwahrnehmen der Führungsverantwortung durch die Berliner Behörden führten dazu, dass örtlichen Führern zu viele Freiräume gelassen wurden.
  ○ Nutzten diese aus, sodass Handlungen nicht mehr nur durch militärische Sachzwänge zu erklären sind.
- Als die Vorgehensweise bekannt wurde, ist man nicht sofort dagegen vorgegangen.
- Ist Begriff Völkermord durch Gleichgültigkeit und Gewähren lassen (Motive sind zu berücksichtigen) zu rechtfertigen?
  ○ Falls ja, würde dies den Begriff abwerten, sodass dann der Begriff für die Ereignisse im 2.WK eine Untertreibung wäre.

6.2   Bilanz der deutschen Kolonialgeschichte (551/M1).
- Deutsche Vorstellung von sozialökonomischer, national-sozial-ideologischer Krisenbewältigung durch Kolonien in Übersee wurden enttäuscht.
- Deutsche Kolonisation löste Problemlagen und Krisenerscheinungen auf andere Weise.

- 1. Bevölkerungsexplosion
  - ○ Steiler Abfall der Geburten durch die industrielle Lebensweise.
  - ○ Vorstellung die Bevölkerung in Kolonien zu leiten war schon in den 1880er Jahren als Illusion bekannt.
- 2. Wirtschaftswachstum.
  - ○ Industriewirtschaftliche Wachstumsstörungen sollen durch nationale Koloniemärkte abgeschafft werden, jedoch wurde diese Idee vom Konjunkturhoch Mitte der 1890er bis zum 1. WK abgelöst.
  => Weder Kolonialwirtschaft noch abgelöste Agrarkrise 1870er Jahre hatten etwas mit diesem Hoch zu tun.
    - ▪ Krisen endeten 1890, bevor die Kolonialpolitik die zögernden, verlustreichen Anfänge überwunden hatte.
  - ○ Sozialökonomische Argumente der Koloniallobby wurden nach 10 Jahren gegenstandslos.
  - ○ 1910/13 Kolonialexport nur 0,6%, Kolonialimport nur 0,5% am Außenhandel beteiligt.
  => Magere Ausbeute für den Staat, Gewinne wurden privatisiert durch kleinere Unternehmer mit Hilfe der politischen Sicherheitsgarantien.
- 3. nationalistische, sozial-ideologische Integration.
  - ○ Blieb unerfüllt, 1888/89 traten Desinteresse, Desillusion und Enttäuschung anstelle des Kolonialenthusiasmus.
    - ▪ Deutsche Kolonialgesellschaft hat mit sinkender Mitgliederzahl und Veränderung der Mitglieder zu kämpfen (Fluktuation = hin und her schwanken).
  - ○ 2. Phase war von Befriedung gekennzeichnet, bot aber mehr innenpolitisches Konfliktpotenzial als Integrationspotenzial.
    - ▪ National-ideologische Integrationsfunktion leisteten Alldeutsche Flottenbewegung mehr als Kolonialbewegung, welche nie zur Massenbewegung wurde.
  => Integrationsfunktion blieb Illusion, Sozialdemokratie wurde nicht durch Kolonialismus integriert, sondern durch neue gesellschaftliche Verhältnisse.
  - Soziale Frage wurde nicht durch Kolonien gelöst, sondern durch Industrialisierung mit Anstieg der Arbeitsplätze und der Integration des Proletariats ins Sozialgefüge, sodass es sein Klassenbewusstsein verlor (durch wachsende Mittelschicht).
  => Die Vorstellung die soziale Frage zu exportieren oder das Protestpotenzial durch Auswanderung weg zu leiten blieb ein Trugbild.
  - ○ Kolonialgebiete allein wegen Klima untauglich zur Auswanderung.
  - ○ Um Farmer, Siedler oder Gewerbetreibender zu werden benötigte man ein hohes Startkapital.
    - ▪ Proletariat mit revolutionären Ideen hatte in Kolonien keine Chance.
    - ▪ => Sozialimperialismus stellt sich in deutscher Geschichte als Desillusionierung der kolonial-ideologischen Projektionen durch die gesammelten Erfahrungen dar.

6.3 Horst Gründer (552/M2).

- Deutsche Kolonialgeschichte ist kein reines Verlustgeschäft für Wirtschaft gewesen.
- Öffentlicher Kosten-Nutzen Rechnung steht private Seite der kolonialen Geschäfte gegenüber.
  - ○ Öffentlichkeit hat bis auf Anfangsinvestitionen keine Verluste gemacht.
  - ○ Kleine Zahl aus Kolonialunternehmern und Kolonialfinanciers hat hohen Profit aus Kolonie gezogen.
    - ▪ Schiffsbesitzer, Plantagenunternehmer, Großhandelsfirmen und Kolonialspekulanten haben ein ertragreiches Geschäft gemacht.
  - ○ Wirtschaftliche Bilanz ist gut, wenn man Privatisierung der Gewinne und Sozialisierung der Verluste mit ein bezieht.

- Es ist schwierig generelle Aussagen über Funktionsweise der deutschen Kolonialherrschaft, Nachwirkungen auf kolonialisierte Völker und spezifischen deutschen Zugriff zu machen.
- Experimentierphase (1884-1890) durch Konquistadoren und Abenteurertum gekennzeichnet, sowie einer unruhigen, experimentierenden Wirtschaft, welche keine Rücksicht auf einheimisches Kapital nahm.
  - Experimentierphase zerfiel oft mit Brechung des primären Widerstandes.
- Heroische Phase begann mit der systematischen, verwaltungsmäßigen und wirtschaftlichen Erschließung
  - Reformen in Verwaltung führten zu autonomeren, selbstbewussteren Administration
  - Staatliche Entwicklungsprogramme und überseeischer Kapitalexport sollen Kolonien gedeihen lassen.
- Zu den 'Erhaltungsmitteln' gehört die fortgeschrittene, theoretische, angewandte Wissenschaft auf allen Gebieten.
  - Aus Reformen zum Schutz der Einheimischen als wichtiges Aktivum der Kolonien.
=> Reformen sollten ökonomischen Wohlstand herbeiführen, führten auch zu 'negererhaltender' Politik.
- Entwicklung in deutschen Siedlungskolonien mit mit jener von Handelskolonien zu vergleichen.
  - Auch innerhalb der Kolonie schwanken die Meinungen über den deutschen Kolonialismus.
- Wirtschaftsstrukturen im deutschen Kolonialimperium reichen von Handels- über Plantagen- bis hin zu Siedlungskolonien.
  - Herrschaftsstrukturen reichen von formell-direkter Territorialherrschaft bis zur informellen Herrschaft nach Residenturprinzip.
    - Indigene Strukturen kaum berührt, keinen sozialen Wandel provoziert.
    - DE beanspruchte zu keiner Zeit administrativ-politische Kontrolle über deutsch Neuguinea.
- Einheimische haben deutsche Herrschaft unterschiedlich aufgenommen und unterschiedliche Erfahrungen gemacht.
  - Vor allem bei den einheimischen Eliten, welche mit den Kolonialherren kooperierten.
    - Entweder um eigene Macht gegen äußere Bedrohungen oder innere, konkurrierende Kräfte zu stärken, um von Wirtschaft zu profitieren oder um eigenen wirtschaftlichen Herrschaftsbereich zu sichern.
    - Beispiel Tolai und Fulbe etablieren System namens Subimperialismus.
    - Tyrannei der einheimischen Eliten oder Überlegenheit einiger Kasten (reicht für Versklavung aus) waren Kollaborationsmotive.
=> Kolonialherren wurden nicht nur als Unterdrücker angesehen, da sie alte Tyrannen stürzten.
- DE entmachtet traditionelle, politische Herrschaftsgruppen und Landfriedenspolitik kommt weiten Bevölkerungsschichten zu Gute.
  - Festgefügtes Sozialsystem nähert sich einer offenen Gesellschaft; nicht nur traditionelle, machtvolle Gruppen erhielten Chance zum sozialen Aufstieg und zur politischen Emanzipation.
- Einheimische nutzten politischen, sozialen und ökonomischen Wandel zum eigenem Vorteil.
- Nach Überwindung des Kulturschocks vermischten sich die europäische Kultur mit den traditionellen Glaubens- und Wertevorstellungen
→ Neue kulturelle Identität gebildet.
=> Es ist unangemessen von Zerstörung der soziokulturellen Identität der Einheimischen zu sprechen, auch vom Faschismus in der Peripherie zu sprechen ist übertrieben und einseitig.

- Kolonialismus enthielt Elemente totaler Herrschaft, vor allem wo rassenideologische Axiomatik (Lehre einer gültigen Wahrheit, welche keinen Beweis benötigt), wo Landnahme gegen Willen des Volkes herrschte oder wo eine anonyme Kolonialbürokratie entstand.
  - Hier liegen Parallelen und Verbindungslinien zum Nationalismus vor, jedoch entwickelte sich die deutsche Kolonialpolitik, nach der machtpolitischen Klärung der Herrschaftsbeziehung, zu einer aufgezwungenen Entwicklungspolitik.
    - Diese Entwicklungsdiktatur orientiert sich an Interessen der Metropole und der westlichen Modernisierungsmodelle.
- Deutsches, koloniales Entwicklungs- und Schulungsprogramm unterbrach den Entwicklungsprozess der Kolonien radikal, aber schuf auch Instrumente für Emanzipationskampf und kulturelle, politische Reintegration in eine große Gesellschaft, was das formell-direkte Kolonialsystem selbst wieder aufhebt.
=> An eben diesem Prozess war Deutschland beteiligt, genau wie an den daraus resultierenden Folgen.

6.4 Reinhard über die Widersprüchlichkeit des Kolonialismus (553/M3).
- Anwesenheit stetiger Rationalität festzustellen, Regelmäßigkeit nicht auszuschließen.
  - Keine Zweckrationalität (von planmäßigen, verwirklichten, menschlichen Absichten) oder Systemrationalität (von anonym wirkenden Strukturen) zu finden.
- Menschliche Handlungen und deren Folgen bestehen nicht nur aus Absichten und Konsequenzen, sondern durch Neben- und Rückwirkungen beeinflusst.
- Wirkung menschlichen Handels leitet sich aus Gegensätzen her, hier: Welt der Kolonialherren ↔ Welt der Einheimischen.
- In europäischer Expansion gibt es stets zwei Hauptgruppen von Effekten.
- Erste kommt durch Nichtbeachtung der Nebenwirkungen zu Stande.
- Zweite durch Fehleinschätzung menschlichen Verhaltens.
  - Ersteres beruht auf Unwissenheit; neue ökonomische Möglichkeiten wie Produktion für den Weltmarkt und Maßnahmen der Gesundheitsfürsorge sorgen für bedrohlichen Bevölkerungsboom.
    - Interessen der Kolonialherren haben Vorrang, die der Einheimischen werden vergessen oder nur unterstützend durchgesetzt, weil man denkt, dass das, was für die Kolonie gut ist, auch für Einheimische gut ist.
=> Jene Fehleinschätzungen beruhen auf Unkenntnis und Missachtung der Gegenseite.
- Afrikaner dachten, Europäer seien zurückgekehrte Ahnen.
- Primäraufstand zeigte keine Wirkung, förderte nur die eigentliche Besetzung ihrer Länder.
  - Rassismus der Europäer hat zu eigenem Schaden geführt, da Fähigkeiten und Möglichkeiten der Afrikaner unterschätzt wurden.
- Anderer Typ der Fehleinschätzung kann 'Prinzip der menschlichen Schäbigkeit' genannt werden.
  - Mehrheit neigt dazu, edle Regungen/Bestrebungen einer Minderheit zu überlassen und deren Verhalten auszunutzen, also nach eigenen, kurzfristigen Interessen zu handeln, auch wenn langfristige Interessen darunter leiden.
  - Der häufigste Fall sind die Siedlerinteressen, die wohlmeinende kolonial-politische Programme zu Schanden machen.
- Nebenwirkungen aus Unkenntnis auch in anderen Bereichen zu sehen, man konnte Folgen nicht abschätzen, als Mais nach Afrika gebracht wurde, Pferde nach USA, Hasen nach Australien oder auch ungewollt neue Krankheitserreger.
  - Ebenso wie Einführung des Pfluges, Verwandlung der Savannen in Ackerland und Rodung des Regenwaldes.

=> Dieser ökologische Imperialismus geht über Einzelmaßnahmen hinaus, beruht auf Gesamtkonzept als Kolonien in Kulturlandschaften umgewandelt wurden.
- ○ Europäer wollten Umwelt verwestlichen mit gewohntem Ackerbau und Haustieren zur Erzeugung der gewohnten Nahrungsmitteln
  - ▪ Gewohnte Siedlungs- und Organisationsformen wurden eingeführt.
=> Aus human-ökologischer Sicht füllen die Europäer leere Räume auf und gestalteten sie neu.
- • Absichten des Westens gelten der Befriedigung der gesamt-ökonomischen Nachfrage, dann durch Abnahme des Angebotes die Absicht mikroökonomisch den Profit zu maximieren.
  - ○ Nachfrage an Gewürzen, Edelmetallen, hochwertigen tropischen Agrarerzeugnissen und Industriepflanzen hat notwendige Arbeitsplätze geschaffen.
  - ○ Wirtschaftlicher Erfolg auf Kosten der Umwelt führte zu schwer änderbaren Einseitigkeit und Abhängigkeit der Volkswirtschaft von heute unabhängigen Ländern.
    - ▪ Konnte man nicht absehen.
- • Europa verfügte über keine Güter, die in Welt nachgefragt wurden.
  - ○ Daher hat Europa den Kolonien nicht benötigte Dienstleistungen (Entdeckung, Eroberung, Herrschaft, Transport) aufgezwungen.
  - ○ Seit Merkantilismus schuf sich Europa selbst Absatzmärkte für ein wachsendes Angebot an Fertigwaren.
- • (Un-)Beabsichtigte Nebenwirkungen in Gesellschaft durch Wirtschaftsexpansion zu finden.
  - ○ Neue soziale Beziehungen und Gebilde sollten Integration in Weltmarkt einbringen.
  - ○ Neue Wirtschafts- und Herrschaftsformen schufen neue Eliten und Lohnarbeiter in Großstädten.
  - ○ Mobilität bot Arbeitern viele Chancen, daher Familien- und Gruppenstrukturen verändert.
- • Politik zeigt offenkundig (evident) den Grundwiderspruch zwischen Kolonialherren und Einheimischen.
  - ○ Zeigt auch Widersprüche zwischen Kolonialherren.
  - ○ Viele Unterschiede, da Politiker, Administratoren, Militärs, Geschäftsleute, Siedler und Missionare die unterschiedlichsten Ziele verfolgten.
  - ○ Politische Ziele der Eingeborenen sind primär Reaktionen auf westliche Kolonialpolitik, Anpassung oder Widerstand optimieren.
  - ○ Bei informeller / direkter Herrschaft haben immer Einzelne / Gruppen profitiert, sodass Herrschaftsausübung erst möglich wurde.
    - ▪ Ohne diese Zusammenarbeit wäre Kolonialwirtschaft und Kolonialherrschaft zu teuer.
  - ○ Doch bestehender Kolonialismus wurde von Massen akzeptiert, vor allem wegen den geschaffenen Arbeitsplätzen.
- • Weste wollte Rest der Welt nur kulturell angleichen, selbst wenn sie nur zu Kunden gemacht werden oder Voraussetzungen fürs Untertanentum erfüllen.
  - ○ In Frühzeit galt es das Christentum zu verbreiten, Missionare förderten Bildung und wollten so Christen formen.
    - ▪ Staat überließ ihnen dieses Privileg aus Kostengründen.
- • Geschäftsleute und Administratoren brauchen qualifizierte Arbeiter als Schreiber, Techniker, Heilgehilfen, Grundschullehrer, Polizisten, Unteroffiziere = untergeordnete Aufgaben.

6.5 Grill über die Folgen des Imperialismus (555/M4).
- • Kolonialismus war Unrecht, jedoch will man heute nichts von Folgen wissen.
- • Man benennt das willkürliche Grenzenziehen als das Schlimmste, das doch das Registrieren, Tabellarisieren und Kartographieren gehört zum Urakt der Besitzergreifung.

- Nicht ist Schlimmer als gerade Linien (der Verachtung) zwischen einem Volk zu ziehen, Linien werden mit Lineal auf Karte gezogen, durch Kultur-, Sprach und Siedlungsräume.
- Nigeria war Gebiet aus 3 Großvölkern und 430 kleineren, welche ab Unabhängigkeit 1960 auseinander streben.
  - Gewalt durch Stammesüberlegenheitsgefühl und Kämpfe der Muslime gegen die Christen fordern viele Leben.
=> Äußere Grenzziehung ist schlimm, hinterlässt innere Verwüstung.
- Straße von Buea mit akkurat nebeneinander stehenden Bäumen versehen.
- Kakao- und Kautschukplantagen standen unter deutschem Kommando.
- Einheimische arbeiteten auf Plantagen, bauten Straßen, Brücken, Eisenbahnen, Gewerbe und leisteten Transportdienste, die Dörfer waren beinahe leer.
- Managerstatistik zeigt, dass 20% der 'Lohnsklaven' jährlich starben.
- Alkohol war wichtigstes Exportgut in Togo und Kamerun, gehörte zum Kulturprogramm.
- Afrikahaus zeigt mit Symbolen (Ikonologie), dass sich Kolonialisierer auf Kosten der Kolonialisierten entwickelt haben.   → Dependenzlehre (Abhängigkeitsbeziehung).
- Fam. Woermann stieg durch Raubwirtschaft auf, welche vom deutschem Steuerzahler (Erschließungs- und Unterhaltskosten) getragen wurde.
- Jedoch hat Kolonialwirtschaft keine Gewinne abgeworfen um deutscher Industrie Schübe zu verleihen, jedoch einige Zweige und Branchen davon profitiert, Süden hat nur hohe Verluste gemacht.
- Fruchtbare Böden aller Kolonien weltweit mit Plantagen überzogen (Sisal, Kautschuk, Tropenhölzer, Zucker, Bananen, Erdnüsse, Kakao, Tee, Kaffee, Ölpalme, Baumwolle, Kokospalme).
  - Dieser **cash crops** Anbau für Märkte des Mutterlandes führte zu Monokulturen (bis heute davon abhängig) und Nahrungsmitteldefiziten.
  - Bauern wurden auf unfruchtbare Böden vertrieben und mussten auf Plantagen arbeiten um Großfamilien zu ernähren, wenn nach Steuern noch Geld übrig blieb.
    - Steuern zur Eigenfinanzierung ihrer Regime eingeführt.
    - Steuern sollen faulen Neger zu fleißigen Kuli erziehen.
    - Beamte zählen Bevölkerung um besser Steuern einzutreiben.
    - Steuerzahlen bedeutet Anerkennung der Niederlage.
      - Einheimische mussten Geld und Waren der Weißen nutzen, Militär und Verwaltung finanzieren.
=> Subsistenzgemeinschaft zur Arbeitsgemeinschaft gewandelt (Tauschhandel zu Geldwirtschaft).
=> Mit Modernisierung entstand und verbreitete sich die Landflucht, Entwurzelung, Wanderarbeit, Trunksucht und häusliche Gewalt.
- Verhältnis zwischen jung und alt, Mann und Frau, Einzelnen und Gemeinschaft, Stadt und Land veränderte sich.
  - Traditionelle Autoritäten wurden nicht mehr akzeptiert, als Kollaborateure oder Kaziken verschrien (eingeborene Adlige).
- Kinder bekamen in Missionsschulen Zivilisationswerte eingetrichtert: Individualismus, Arbeitsdisziplin, Rationalität, Rechtschaffenheit, Körperhygiene, lineares Zeitmaß und Schriftkultur.
  - Glaube der Eltern ist Götzenglaube, Normen und Werte seinen primitiv, afrikanische Kultur verhindere den Fortschritt.
=> Rest des Selbstwertgefühls, dass Sklaverei verschont hatte, verschwindet endgültig.
- Sinne, Denken, Wünschen der Afrikaner wurde kolonialisiert / verwestlicht.
- Die Deutschen haben Galgenbäume, Monokulturen, Infrastruktur und funktionale, dem Klima angepasste, Zweckbauten errichtet, welche den Kolonien im Nachhinein helfen / schaden konnten.

- ○ Verwaltungssystem und Schulwesen eingeführt indem Schreibweise des Kisuaheli latinisiert wurde.
- ○ Bemühungen wurden von Zwang angetrieben, Strenge, Geradlinigkeit, Ordnung und Kontrolle in eine vermeintlich rohe und wilde Umgebung bringen zu müssen.
- ○ Einige Innovationen führten zu Nebenwirkungen, welche sich gegen die Fremdherrschaft selbst richteten.
  - ▪ Vor allem stark kritisierte Mission formte eine Reihe von bekannten Freiheitskämpfern z.B. Mandela.
    - • Diesen wurde Fleiß und Gehorsam und Gebot der Nächstenliebe beigebracht und die Prinzipien der Gerechtigkeit und Gleichheit aller Menschen vor Gott.
- → Humanistische Grundwerte des Okzidents.
- => Kolonialismus war politische Fesselung aber mentale Befreiung.
- => Das Auseinandersetzen mit Wirtschaftsweise, Wissenschaft, Bildungswesen, Religion, Wertes des Westens baute das Fundament um die Kolonialherren zu besiegen.

7   Historiker über den ersten Weltkrieg

7.1   Michael Stürmer über die Bedeutung des Jahres 1917 für die Weltgeschichte (51/M1).

- • Durch die Unterstützung an England war Kriegsbeitritt der USA abzusehen.
  - ○ Chef des State Departement forderte Neutralität und trat zurück als mit dieser gebrochen wurde.
  - ○ Amerikanische Eliten stellten sich sofort auf Seiten der englischen Seemacht und gegen die deutsche Kontinentalherrschaft.
- • USA suchte nach Rechtfertigung für einen Kriegsbeitritt.
- • **Dezember 1916** Deutsche Unbestimmtheit lässt amerikanische Friedensinitiative ins Leere laufen.
- • **Januar 1917** Wilsons Friedensappell an Deutschland bleibt unbeachtet.
- • Deutsche Marine feuert Torpedos auf amerikanische Schiffe.
- => Rechtfertigung für Kriegsbeitritt der USA gefunden.
- • **1889 Samoakrise** zeigte USA Wichtigkeit einer Seemacht.
  - ○ Von hier an unterschätzte Deutschland die USA.
- • Arroganz, Leichtfertigkeit, Ingenieursmentalität, Ahnungslosigkeit und Chauvinismus werden den Deutschen zum Verhängnis.
  - ○ Militär und Flotte weiten den Krieg aus, sodass deutscher Zusammenbruch selbst erzwungen wurde.
- • Kriegseintritt der USA wenden den europäischen Krieg zum Weltkrieg.
- • Neues Weltsystem entsteht, welches durch Fronten des Krieges verläuft.
  - ○ Ludendorff provoziert unwissend durch Sonderzug der Bolschewiki in Deutschland den Weltbürgerkrieg.
  - ○ Deutsche Admiräle provozieren unwissend durch Torpedoangriffe den Eintritt der USA in den Krieg.
    - ▪ Amerikanisches Entscheidungspotenzial in Europa durch Industrie, Menschenkraft und Macht entstanden.
- • Jahr 1917 mit Oktoberrevolution und amerikanischem Kriegsbeitritt verändert sich die Welt nachhaltig.
- • Aus Todeskampf Europas entstanden zwei Friedensvisionen:
  - ○ Vorstellung einer Weltrevolution im Osten.
  - ○ Vorstellung von Freiheit der Völker im Westen.
- → Wilson und Lenin wurden Gegenspieler.

- Wilsons 14 Punkte Vertrag sollte eine demokratische Weltordnung schaffen.

Offene Politik.	Freiheit des Handels und der Weltmeere.	Auflösung der Donaumonarchie.
Abrüstung.	Freies Polen mit Zugang zum Meer.	Auflösung des osmanischen Reiches.
Selbstbestimmung der Völker.	Völkerbund soll mit Sanktionen und Garantien Welt stabilisieren.	Abtretung von Elsass Lothringen.

=> Dieser American Dream war Wilsons Plan zur demokratischen Sicherung der Welt.
- o Sowjetunion veröffentlicht Europas Kriegsziele, welche Wilson zügeln will und welche Kriegsbeitritt Amerikas legitimieren.
- o Europa war ausgeglüht und zwischen den Weltmächten umkämpft.
→ Wilson setzte sich im Ideenkrieg durch und verhinderte sowohl Alteuropa wie auch die Diktatur des Proletariats.
=> **Neue Epoche der Weltgeschichte beginnt!**

7.2 Golo Mann (USA) über den Versailler Vertrag (52/M2).
- Friedensvertrag war ein Unglück, da kriegerische Männer nicht sofort zu friedlicher werden.
→ Kämpften ungerecht und handeln danach weiterhin ungerecht.
- Wilson hingegen wollte Gerechtigkeit bringen.
- o Dies gelang ihm nicht, da Gerechtigkeit der Staaten, Völker und Menschen Voraussetzung dafür war.
- ▪ Jene waren nicht gerecht, da es ein öder, finsterer Moment in der Geschichte war.
- ▪ Praktische Lösungen, vorsichtige Kompromisse zwischen Macht und Macht, zwischen den Wünschen der Schwächeren und den Tatsachen wären im besten Falle möglich gewesen, aber keine Gerechtigkeit.
- Wilson geriet in einen Streit mit dem französischen Minister Clemenceau.
- o Wilson wollte Welt mit seinem Rezept kurieren, Clemenceau empfand dies als nicht möglich.
- o Wilson vertrat junges, tatkräftiges Amerika, welches kaum zerstört wurde, Clemenceau vertrat das ausgeblutete, todtraurige Frankreich.
→ Clemenceau wollte unbedingt eine Machtposition haben.
- Kompromiss sollte gerecht sein, war aber von Hass, Bosheit und Übermut inspiriert.
- o War Instrument der Unterdrückung und andauernden Beleidigung Deutschlands, um Unrecht von Preußen-Deutschland der letzten 150 Jahre ungeschehen zu machen.
- Selbstbestimmungsrecht der Völker wurde eingeführt, als es Deutschland am meisten Schaden konnte.
- o Dieses hat Deutschland bei Brest-Litowsk gegen Frankreich eingesetzt.
=> Wilson wollte Europa kontrollieren, darum war es gut, dass Deutschland Russland bei Brest-Litowsk geschwächt hat und USA Deutschland mit denselben Prinzipien schwächen konnte.
- Balgerei der Nachfolgestaaten unter anderem auf Kosten Deutschlands wurde durch linguistische, wirtschaftliche, historische, statistische, strategische, nationale und historische Argumente verstärkt.
- Als Grenzen gegen Deutschland gezogen wurden, rechnete niemand damit, dass Deutschland diese „Strafe" für seine Zwecke nutzen könne.
=> Dieses Geflecht aus Falschheiten beschwerte die Zukunft Europas, wie es selbst der Krieg nicht konnte.
- Moderne Forschung: Sieger des 1. Weltkrieges konnten eigenen Schaden nicht ungeschehen machen, wenn man Schaden der Besiegten vergrößert.
- Sieg ist eine Illusion.

- Sieger erleidet genauso viel Schaden wie Besiegter.
- Einflussreiche Deutsche wollten mit Frankreich genauso verfahren wie es Deutschland behandelt hat.
- Friedensmacher von 1919 behandelten Besiegte mit moralischer Überlegenheit, obwohl sie im Krieg selbst gesündigt hatten und davon noch nicht ablassen wollten.
→ Darin liegt ihre eigene Schuld.
- Frage war nicht ob Versailler Vertrag scheitert, sondern auf welche Art und Weise.
- Versailler Vertrag belastete Deutschland doppelt: Schuf ein verkrampftes Weltbild zu den deutschen Nachbarn und teilte das Volk in (radikale) Gruppen ein.
  - Das Volk wehrte sich gegen den Versailler Vertrag, aber weder geschickt noch stark.

7.3 Eberhard Kolb (Deutschland) über den Versailler Vertrag (53/M3).

- Versailler Vertrag entweder zu stark oder zu schwach.
  - Zu stark, da Deutschland einfach versuchen musste ihn abzuwenden.
  - Zu schwach, da Deutschland die Möglichkeit und Gelegenheit sah den Vertrag revidieren zu können.
- 2 Gesichtspunkte Deutschlands bei der emotionsgeladenen Ablehnung des Zwangsfriedens, welche zum Schaden der deutschen Politik wurde, werden nicht ausreichend beleuchtet.
  - 1. Sieger verlangten von den deutschen Parteien und Politikern, welche auf den Wilson Vertrag hofften, die Annahme des Versailler Vertrages.
→ Belastung für die noch junge Demokratie.
    - Versailler Vertrag war eine Kompromisslösung, weder der milde Wilson-Frieden, auf den Deutschland hoffte, noch eine „karthagischer Friede", wie es die Historiker nennen.
  - 2. Trotz des Versailler Vertrages blieb Deutschland eine Großmacht und hatte die Möglichkeit aktiv in der europäischen Politik mitzuwirken.
    - Deutschland besaß sogar mehr außenpolitische Bewegungsfreiheit als vor 1914.
      - Russland wurde aus Europa verdrängt und geht innenpolitische Probleme an.
      - Südeuropa konnte zur wirtschaftlichen und politischen Einflusssphäre Deutschlands werden.
- Erst nach dem 1. Weltkrieg ergab sich für deutsche Politiker die Chance Deutschland zur friedenssichernden Mitte Europas aufzubauen, mittels kluger und geduldiger Außenpolitik.
  - Chance wurde aber missachtet, man stürzte sich in die Arme eines Abenteurers.
  - Hass entwickelte sich gegen den Versailler Vertrag, maßlose Ungeduld veranlasste zum größten Unglück, zum verhängnisvollstem Fehltritt der Geschichte.

7.4 Walter Bernecker über die Folgen des Versailler Vertrages (54/M4).

- Historiker sprechen von extremer innerer Labilität der europäischen Staaten und einer Instabilität der gesamten internationalen Ordnung in den „Zwischenkriegsjahren".
  - Versuchen die Beziehungen der innenpolitischen und der gesamteuropäischen Instabilität zu erkennen.
  - Gesamteuropäische Instabilität entstand aus Versailler Vertrag und Pariser Vorortsverträgen, welche Frieden nicht sicherten und Konfliktpotenzial schufen.
- Clemenceaus **Abrechnungsfrieden** (Versailler Vertrag) war die letzte Chance zum Aufbau eines bürgerlichen, liberalen und stabilen Europas und beruhte auf mehreren Überlegungen:
  - Oktoberrevolution in Russland sollte eingedämmt und Sozialismus isoliert werden.
    - Deutschland war durch den Versailler Vertrag geschwächt und musste kontrolliert werden.
  - Politische Neuordnung der Landkarte Europas.

- Nach ethnischen, linguistischen und homogenen Grundprinzipien sollten sich neue Nationalstaaten gründen.
→ Waren schwach und trotzdem multinational strukturiert.
  ○ Friedenssicherung.
    - Völkerbund konnte Zweck nicht erfüllen.
=> Machtpolitische Interessen standen hinter dem Versailler Vertrag.
  - USA wollten starkes Jugoslawien, Frankreich autonomes Polen, UK hatte Interesse an Griechenland und an dem Orient.
- Niederlage der Mittelmächte 1918 machten eine Neuordnung Europas erforderlich.
- Kriegsziele der Alliierten neben Zerschlagung der deutschen Herrschaft auch Durchsetzung des demokratischen Prinzips und Frieden durch Selbstbestimmungsrecht der Völker.
  ○ Ziel der Pariser Vorortsverträge war es homogene Nationalstaaten zu schaffen, scheiterte aber an Mischvölkern in Europa.
- Es gibt 3 Typen von Nationalstaatsbildung:

Revolutionär (durch Revolution)	Unitarisch (aus eig. Willen)	Sezessionistisch (Nach Krieg)
England & Frankreich	Deutschland & Italien	Alle neu gegründeten europ. Nationalstaaten

  ○ Es entstanden 1919 mehr Nationalstaaten als im gesamten langen 19. Jahrhundert.
  ○ Republik wurde Normalform des Staates.
  ○ Es erwies sich als schwierig nationale Grenzen abzustecken.
- Internationales System aus Pariser Vorortsverträgen und neue Verhältnisse der ungefestigten, neuen Staaten waren gleichsam instabil.
- Im Krieg schwand Patriotismus, sinnlose Schlachterei führte zu Feindseligkeiten.
  ○ Daher gab es nach Kriegsende revolutionäre Krisen und politische Zusammenbrüche, selbst bei den Siegern.
=> Alte Ordnung war dem Untergang geweiht.

7.5   Ludger Grevelhörster über Versailler Vertrag (55/M5).
- Versailler Vertrag verlangte wirtschaftlich und politisch Viel von der jungen Republik.
  ○ Wilson-Frieden gefordert, aber es hätte schlimmer werden können.
  ○ Forscher bezeichnen es als Wunder, dass Deutschland eine Einheit blieb.
    - Bleibt weiterhin wirtschaftlich starkes und bevölkerungsreichstes Land Europas.
  ○ Außenpolitik 1919 günstiger für Deutschland, da es nicht länger isoliert war und sich Frontstellung Russlands gegenüber Europa zu Nutzen machen konnte.
    - Deutschland konnte Einflusssphäre auf kleine europäische Staaten ausweiten, welche sich von Finnland bis Bulgarien erstrecken.
=> Versailler Vertrag war für Deutschland weniger unerträglich als es den Anschein hatte.
- Verfassungsberatungen und Friedensverhandlungen im Frühjahr 1919 sind zentrale politische Probleme, die einer akuten Lösung bedürfen.
  ○ **Januar – Mai 1919** Internationale Konferenzen in Versailles unter dem Vorsitz von Clemenceau mit 32 Staaten für eine dauerhafte Friedensordnung.
  ○ Wiedergutmachungsforderungen der Alliierten entsprachen größten Teil den Entwaffnungsbestimmungen der anderen Staaten.
    - England und Frankreich wollten Kriegskosten, einschließlich Familienunterstützungen, Ruhegehälter und Militärpensionen, erstattet bekommen und drängen nach hohen Reparationszahlungen.
→ Setzten sich durch, gegen den Willen der amerikanischen Delegation.
- Reparationszahlungen forderten Legitimation, darum Kriegsschuldartikel in Vertrag eingefügt.

○ Deutschland und seine Verbündeten sind Urheber aller Verluste und Schäden im Ersten Weltkrieg.

7.6 H.U. Faulkner über die Folgen für die USA (55/M6).

- Rückblick auf amerikanische Diplomatie zeigt Rückgriff auf Isolationspolitik.
  ○ Weigerung Versailler Vertrag zu unterzeichnen, Mandat über Armenien abgelehnt, Defensivbündnis mit England und Frankreich abgelehnt, Beitritt zu Weltgerichtshof und Völkerbund abgelehnt.
=> Sorge Amerikas vor Verwicklung in europäische Angelegenheiten verbreitet sich.
- Amerikaner wollen keinen neuen Weltkrieg, jedoch entwickelt sich Nationalismus der Amerikaner auf eine andere Weise.
- USA wollen nicht an europäische Angelegenheiten teilnehmen, aber kritisieren den Kurswechsel der früheren Verbündeten.
- **1918** USA waren <u>Heilsbringer der Welt</u>.
- **1920** USA waren <u>Onkel Shylock</u> (Geldverleiher, der hartherzig auf seine Forderungen besteht).

7.7 R.F. Smith über die Voraussetzung für die Politik der USA in der Zwischenkriegszeit (56/M7).

- Grundlagen der Politik der USA 1920 – 1941 war Weltordnung die Wohlstand und Macht förderte.
- Seit Ende des 19. Jahrhunderts erweiterten und schützten Politiker und Geschäftsleute die neuen Grenzen Amerikas, welche durch die wirtschaftliche Expansion entstanden.
  ○ 1920 wurde eine Taktik (Kolonialismus) modifiziert und andere (Internationale Organisation der Großmächte) zurückgewiesen.
    ▪ Regierungsvertreter entwarfen „Dollar-Diplomatie", sodass stabile Weltordnung geschaffen wurde, ohne militärische, finanzielle oder administrative Kosten tragen zu müssen.
=> Dieses umfassende Einfluss- und Kontrollsystem wurde durch Protektorate, Interventionen und Ausbreitung des eigenen Wertesystems begründet.
- Außerwähltheitsgedanke verleiht Weltbild einen emotionalen Charakter.
  ○ Verknüpft mit Glauben an humanitärem Charakter der Ziele.
→ Wichtiger Teil des Eigenbildes, welches Regierung in Außenpolitik projizierte.

7.8 Der deutsch-amerikanische Historiker Stern über die Beziehung der Jahre 1917 und 1989 (56/M8).

- 1989 beendete eine Epoche, die 1917 begann.
- Mit erstem Weltkrieg begann Kette der Grausamkeiten, ausgelöst durch Nationalstaaten.
- Zwei große, ideologische Staatsbewegungen begründen den Totalitarismus, der dieses Jahrhundert charakterisiert.
  ○ Bolschewismus und Nationalsozialismus propagierten ideologische Kriegslust.
  ○ Staat institutionalisierte Terror; Sowjetmensch bzw. arische Herrenrasse können nur entstehen, wenn Feinde beseitigt werden.
  ○ Im ersten Weltkrieg schufen Techniker neue Tötungsmaschinen und neue Wege zur Täuschung des Volkes.
- 1989 wurde Kette des Schreckens zerbrochen, Epoche von Hegemonialkriegen beendet.
  ○ Herrschaft totalitärer Staaten zerbrach, welche Machtmonopol – selbst auf Wahrheit – schufen.
  ○ Kein ewiger Frieden, aber großer Schritt in der Geschichte.
- Revolution von 1989 hat Wahrheit wieder eingesetzt.

- Liberaler Geist und dessen Werte traten spontan wieder auf, wie sie den Architekten der amerikanischen Unabhängigkeitserklärung erschienen war.
- Europa kehrt zu Werten des 18. Jahrhunderts zurück, zur „Entdeckung der Freiheit" (Aufklärung), welche es ab 1919 vergessen hat.

7.9 Der englische Historiker Eric J. Hobsbawm (56/M9).

- Welt am Ende des 20. Jahrhunderts unterscheidet sich in 3 Blickfeldern von der Welt am Anfang des Jahrhunderts.
  - 1. Anfang des Jahrhunderts war Europa das Zentrum der Macht, Wohlstand, Intellektualität und der westlichen Zivilisation. Nun war es Amerika.
    - Ende des Ersten Weltkrieges schrumpfte Bevölkerung Europas von 1/3 auf 1/6 der Weltbevölkerung und regenerierte sich kaum.
→ Europäische Großmächte schrumpften zu regionalen und provinziellen Mächten.
    - Anstrengungen zur europäischen Gemeinschaft und zur Wiederherstellung des Vertrauens zeigen Ausmaß dieses Wandels.
  - 2. 1914 – 1990 Welt wurde eine einzige Funktionseinheit.
  - 3. Auflösung der alten Ordnung (Sozial- und Beziehungsstrukturen, Bindeglieder der Generationen).
    - Besonders im westlichen Kapitalismus anzutreffen, wo staatliche und private Ideologie zum absoluten, asozialen Individualismus führten.
→ Dies wurde nicht nur durch Erosion der Tradition und Religion, sondern auch durch (Selbst-)Zerstörung des existierenden Sozialismus gefördert.

7.10 Der deutsche Historiker Eberhard Jäckel über die positiven Folgen für Deutschland (57/M10).

- Jahrhundert der Deutschen, denn Deutschland stand im Mittelpunkt der Leidenschaften.
- Nach dem 2. Weltkrieg wurde Deutschland von Nachwirkungen beherrscht.
=> Deutschland hat herausragenden Platz im Gedächtnis der Völker.
- Im 20. Jahrhundert vollzog sich der Aufstieg der USA zur einzigen Weltmacht.
- Im 20. Jahrhundert vollzog sich aber auch der Aufstieg des Sozialismus in der Sowjetunion.
=> Beide Vorgänge von Deutschland bedingt.
- Es fällt schwer sich das Jahrhundert ohne den maßgeblichen Einfluss Deutschlands vorzustellen.
- 20. Jahrhundert als deutsches Jahrhundert bezeichnet, da Deutschland besonderen Weg gegangen ist.
  - Diktatur Hitlers war schreckliche Abweichung von der westlichen Demokratietradition.
  - Einzigartigkeit der Shoa und des deutschen Weltmachtstrebens prägen diese Bezeichnung.
- Deutsche Geschichte ist mit Ende des Kalten Krieges nicht zu Ende, aber das deutsche Jahrhundert.
- Geschichte des 21. Jahrhunderts wird Fokus eher auf Asien legen.
=> Europa büßte kulturelle Dominanz, wirtschaftliche Kraft und weltpolitische Macht zu sehr ein.

7.11 Momsen über den Versailler Friedensvertrag (60/M1).

- Siegfrieden in der Bevölkerung propagiert.
  - Staat täuscht Bevölkerung mit angeblichem Siegen => Kriegspropaganda.
- Versailler Vertrag sei ein Trauma und eine Belastung für Deutschland und das politische System.

- Linke Regierung erhob Anspruch auf den Wilson Frieden (ohne Gebietsverluste etc.).
- Harte Bedingungen führten zu einer allgemeinen Ablehnung des Versailler Vertrages.
  ○ Regierung sieht aufgezwungenen Frieden als besser an als Besetzung durch Feind.
=> In der Bevölkerung als Zeichen der Schwäche gesehen.
- Vorwurf der alleinigen Kriegsschuld ist eine Demütigung für das deutsche Selbstbild.
- Territoriale Bedingungen für Deutschland schlimmer als moralische.
  ○ Es gab wirtschaftliche Bestimmungen und eine Auslieferung der Verantwortlichen.
- Politisches Ziel war die Revision des Versailler Vertrages.
- Versailler Vertrag war aber zu mild, da er nicht ausreichend Schutz vor der deutschen Erstarkung bot.

8   Historiker über die Weimarer Republik

8.1   Eberhard Kolb über die Weimarer Republik (91/M1).
- Folgen des Nationalsozialismus werfen Fragen bezüglich Hitlers Machtergreifung und dem Scheitern der Republik auf, welche von Historikern unterschiedlich beantwortet werden.
  ○ Monokausale Deutungsversuche wurden verworfen, da sie die Fragen nur einseitig fassen.
- Für die Deutung dieser Probleme kommen mehrere Faktoren in Frage, in denen sich die Historiker einig sind:
  ○ Institutionelle Rahmenbedingungen.
    ▪ Verfassungsmäßige Rechte und Möglichkeiten des Reichspräsidenten sowie fehlende politische Mehrheiten
→ Präsidialkabinette.
  ○ Ökonomische Entwicklung.
→ Auswirkungen auf das politische und soziale Machtverhältnis (inflations- und Deflationspolitik).
  ○ Politische Kultur.
    ▪ Verantwortlich für Republikferne der Eliten, die an der alten Ordnung festhalten, Konservative Eliten im Amt geblieben.
    ▪ Veränderung im sozialem Gefüge: Mittelstand wurde umgeschichtet.
→ Neue politische Orientierung und Wahlverhalten geschaffen.
  ○ Ideologische Faktoren.
    ▪ Militärische Tradition in der deutschen Gesellschaft und extremer Nationalismus.
    ▪ Kriegsniederlage, Dolchstoß-Legende und Kriegsunschuldspropaganda verstärken die Distanzierung zur Weimarer Republik.
    ▪ Führererwartungen bereiten den Boden für Hitlers Machtaufstieg.
  ○ Massenpsychologische Momente.
    ▪ Erfolge der Massenpropaganda durch Entwurzelung der Tradition und politische Unsicherheit / Instabilität.
  ○ Rolle einzelner Persönlichkeiten.
    ▪ Hindenburg, Schleicher und von Papen haben Volk stark beeinflusst – direkt und indirekt.
- Unterschiedliche Antworten der Historiker kommen durch die unterschiedlich starke Gewichtung und Verknüpfung der obrigen Faktoren.
  ○ Quellen geben Gewicht und Verknüpfung nicht an, sondern müssen von Historikern interpretiert werden.
    ▪ Wird beeinflusst durch Erkenntnisinteresse, welches sich stetig wandelt und durch Perspektive, welche aus Erfahrungshorizont, Wertvorstellungen und Beurteilungsmaßstäben erwächst sowie aktuellem Zeitgeist.

8.2   Detlev J. K. Peukert über die Demokratie im Nachkriegsdeutschland (91/M2).
- Politisches Experiment, Weimarer Republik, fand zu ungünstigen Rahmenbedingungen statt.
  - In den 30 Jahren nach dem 1. Weltkrieg experimentierte die Welt an weltwirtschaftlichen und weltpolitischen Systemen, welche 1929 – 1933 in der Weltwirtschaftskrise und dem 2. Weltkrieg endeten.
- Schwaches Wirtschaftswachstum hemmt Kompromisse, welche die Weimarer Republik eingehen konnte, um große Teile der Bevölkerung zufrieden zu stellen.
  - Es mussten Abstriche an der Substanz gemacht werden, was zur Polarisierung unversöhnlicher Gruppen in der deutschen Gesellschaft führte.
- Umschwung von Reformverheißungen über Handlungsblockade zur Rücknahme der Errungenschaften wird besonders an der deutschen Wirtschafts- und Sozialpolitik deutlich.
  - 1919 Sozialstaat erhält Verfassungsrang, regelt in Reformen Bereiche von Sozialpädagogik bis zur Arbeitslosenversicherung.
- Wirtschaftskrise führt zum Abbau des Sozialstaates.
  - Innere Widersprüche und äußere Hindernisse gelten als Grenzen des Sozialstaates, sodass Wirtschaftskrise nur ein Vorwand war.
- In der Nachkriegszeit wurden Arbeitsgemeinschaftsabkommen, Ansätze zur Mitbestimmung und staatlich-garantiertes, tarifpolitisches System versprochen und aufgestellt.
  - Nach der Inflation bröckelte auch dieses Fundament.
- Verteilungskämpfe veranlassten Unternehmer gegen Sozial- und Gewerkschaftsstaat vorzugehen und Löhne wie auch das Lebensniveau der Arbeiter abzubauen.
=> Soziale Gründungskompromisse wurden durch Dauerkrisen zum Stolperstein der Republikaner.

8.3   Otto Dann über die Definition des Nationenbegriffes (92/M3).
  - Nach der Wiedervereinigung wird der Begriff Nation neu diskutiert.
    - Selbstverständnis der Deutschen und Verhältnis Nation ↔ Staat wird untersucht.
- Weimarer Republik ist gespaltene Nation, genau wie das Kaiserreich.
  - Jedoch einige Unterschiede zwischen diesen Epochen.
    - Im Kaiserreich herrscht Übereinstimmung zwischen Gegensätze der Klassen und politischen Lagern in der Gesellschaft.
    - Im Krieg wird der Begriff „Volksgemeinschaft" geprägt.
      - Spiegelt Hoffnungen wieder, Nation zu vereinen.
→ Linke und Rechte verstehen etwas anderes darunter.
    - In Weimarer Republik sind Klassengegensätze überlagert und prägen nicht mehr so stark das politische Spektrum.
      - Verarmung des Mittelstandes führt zu zeitweiser Koalition in der alte Klassengegensätze mit sozialdemokratisch-bürgerlicher Politik überbrückt wird.
- Neue Nationsbildung durch Demokratie nicht im Verhalten der Gesellschaft aufgenommen worden.
  - Dadurch neue Spaltung in der Bevölkerung; Kampf um den Staat zwischen Befürwortern und Gegnern der Republik bricht aus.
=> Totalopposition bildet sich und nimmt dem Volk die nationale Identität.
- Kampf um die Nation auch dadurch, da Totalopposition und Befürwortern der Republik die Nation vertreten wollen.
  - Hatte ideologische und soziale Dimension.
    - Demokratisches und nationalsozialistisches Konzept standen sich gegenüber.
    - Kampf um die Gunst der Gesellschaft, welches der Nationalismus gewann.

→ Nur gewonnen, da bürgerliche DNVP und Zentrum ihre Ziele gegen den modernen, demokratischen Nationalstaat wendeten.

- Neben der nationalistischen Totalopposition gab es auch die kommunistische Opposition.
  ○ Militante, antidemokratische Klassenkampfparole sprengte die Weimarer Republik und verunsicherte die staatstragende SPD.

8.4 Winkler über die Erfahrungen aus Weimar in der BRD und DDR (93/M4).

- BRD und DDR blicken anders auf die Folgen der Weimarer Republik.
  ○ Elitekonsens in der BRD, dass Weimarer Republik unter anderem am parlamentarischen Rat gescheitert sei.

=> Deshalb 1945 abwehrbereite, funktionstüchtige, repräsentative Demokratie mit Grundgesetz aufgestellt.

- ▪ Antidemokratische Konsequenz schuf Verfassungspatriotismus, da Feinde niemals wieder die Regierung legal beseitigen können sollen.

=> BRD sieht Weimarer Republik als schlechtes Beispiel parlamentarischer Demokratie, aus welchem man lernen kann.

  ○ SED sah im Untergang der Weimarer Republik die Erfüllung der 1918/19 Revolution.
  ▪ SED sieht Schuld an fehlender Einheitsfront gegen Hitlers Machtmonopol.

→ Zieht aus Weimarer Republik antifaschistische Konsequenzen.

- Faschismus in Kapitalismus entstanden; Kapitalismus ist damit durch den Sozialismus nach sowjetischem Vorbild der marxistisch-leninistischen Partei zu entfernen.

=> DDR nutzt Erfahrungen der Weimarer Republik um Diktatur des Proletariats einzuführen und zu begründen.

  ○ DDR will Kapitalismus und Demokratie der BRD wirksam entgegenstehen.

- Wiedervereintes Deutschland baut auf den Erfahrungen von Weimar auf.
  ○ Deutschland hat der Weimarer Republik das Frauenwahlrecht, Republik als Staatsform, parlamentarische Demokratie, Tarifautonomie und Arbeitslosenversicherung zu verdanken.
  ○ Weimarer Republik prägte neben den wirtschaftlichen Rahmenbedingungen für das Soziale den Sozialstaat durch soziale Rahmenbedingungen der Wirtschaft.

=> Nur wegen den Erfahrungen der Weimarer Republik herrscht nun eine gelernte und gesamtdeutsche Demokratie.

9 Historiker über den Nationalsozialismus

9.1 Trotzki über den Aufstieg des Nationalsozialismus anhand der Arbeiterbewegung (189/M1)

- Nachkriegschaos führte zur Verarmung der Mittelschicht und des Proletariats.

=> Offizieller Glaube an den demokratischen Parlamentarismus schwindet.

- Vielzahl der Parteien, Desinteresse an Wahlen und häufiger Regierungswechsel verkomplizierten die soziale Krise.
- Bürger sehnten sich nach (alter) Ordnung und einer eisernen Hand wegen der Niederlage, Reparationszahlungen, Inflation, Bankrott, Arbeitslosigkeit der Studenten und wegen den unverheirateten Töchtern.
- Nationalsozialismus von unterer und mittlerer Offiziersschicht erhoben, da diese keinen Dank für Opfer am Vaterland bekommen haben.

=> Daher Hass aufs Proletariat.

- Politisches System zwang Offiziere, die sich an den Kommandoton gewöhnt haben zum alten Leben zurückzukehren.
  ○ Fabrikanten, Bankiers und Minister zwangen Offiziere wieder Buchhalter, Ingenieure, Postbeamte und Volksschullehrer zu werden.

9.2 Golo Mann über den Aufstieg Hitlers (189/M2).
- Versagen der Republik war nicht der Nährboden für Hitler.
  - Historiker sagen zu Unrecht, dass sich Deutschland jahrhundertelang zum Nationalsozialismus hinbewegte.
- In Deutschland fand sich Sehnsucht nach Caesar, Judenhass und Imperialismus in der Gesellschaft, jedoch war dies kein ausreichender Nährboden.
  - Spätbismarker, Alldeutsche, Ludendorffer, Vaterlandspartei und Freikorps waren auch kein solides Fundament.
- Wirtschaftskrise verhalf Hitler zum Durchbruch und weckte Gefühle die seit 1919 vergessen wurden.
- Nach Rücktritt Wilhelms II. entstand ein Machtvakuum, welches die Demokratie nicht ausreichend füllen konnte.
  - Mehr war noch nicht vorbestimmt, wäre Hitler nicht aufgetaucht, wäre eine andere Bewegung aufgekommen, nicht der Nationalsozialismus.
=> Im Machtvakuum greift sich der Stärkste die Macht, Hitlers Aufstieg war Zufall.

9.3 Eichholtz + Schumann über den Nährboden des Nationalsozialismus (190/M3).
- Historiker bestreiten, dass aggressive Expansionspolitik, Revanchismus und Antikommunismus die Grundlage für Hitlers Aufstieg bilden.
  - Machtergreifung durch Großindustrielle als politische Zwecklücke unterstützt.
  - Aufstieg durch klassenlosen Charakter, weshalb man breite Zustimmung fand.
- Dokumente zeigen, dass Gruppe deutscher Industrieller, Bankiers und Großagrarier die Machtergreifung, Kanzlerschaft und Diktatur förderten und organisierten.
  - Darunter auch diejenigen, die Hindenburg zur Ernennung Hitlers als Kanzler drängten.
- Weltwirtschaftskrise wirft Deutschland in tiefe wirtschaftliche, politische und ideologische Krise.
- Aggressive Finanzgruppen schufen Machtbasis für Nationalsozialismus um die eigenen Vorteile zu erhalten.
=> Wirtschaftskrise bildet Grundlage für Hitlers Aufstieg.

9.4 Fritz Fischer über die Kontinuität der Weltkriegsgeschichte (190/M4).
- Nationalsozialismus nur wegen bürgerlichem Führer, Willensmenschen und traditionellen, agrarischen, industriellen Machteliten, welche die Wehrmacht und Diplomatie dominierten möglich.
  - Wollten mehr als nur Revision, wollten deutsche Großmacht und Ostimperium, welches Autarkie versprach.
  - Militärisches Eingreifen als notwendiges Übel akzeptiert.
=> Dieses Ziel wurde im 1. Weltkrieg verfolgt, erlosch nicht im Machtvakuum der Weimarer Republik und flammte im Nationalsozialismus stärker auf.
- Im Kaiserreich und im Dritten Reich unterschätzten die Eliten die historisch-politische Realität.
  - 1. Versuch, Wandel der traditionellen Gesellschaft in eine industrielle zu verhindern ist im Vorhinein zum Scheitern verurteilt.
  - 2. Großmächte waren niemals bereit deutsche Expansion einfach nur hinzunehmen.

9.5 Kershaw über die „charismatische Herrschaft" Hitlers (191/M5).
- Hitlers Machtaufstieg als „charismatische Herrschaft" bezeichnet.
  - Anhänger nehmen beim Führer Heldentum, Größe und Sendungsbewusstsein wahr.
  - Grenzt sich von „legaler Herrschaft" eines unpersönlichen Bürokraten ab.
  - Grenzt sich von „traditioneller Herrschaft" eines erblichen Titels ab.

- Sagt aber nichts über den spezifischen Führeranspruch oder die Gründe der Akzeptanz aus.
- Akzeptanz des Führertums basiert auf kürzlichem Scheitern der Monarchien.
  - Religiöse Sehnsucht nach gottgegebener Autorität kam im neuen, volksnahen Gewand zum Ausdruck.
- Traumatische Auswirkungen des Krieges und übersteigerte militärisch-chauvinistische Wertvorstellungen schaffen Nährboden für den Nationalsozialismus.
- „Charismatische Herrschaft" in Deutschland grenzt sich von jenen in Italien und Russland (Stalin) ab.
  - In Deutschland fand ein Zusammenspiel von Krisen und deutscher, politischer Kultur statt.
- Verspätete nationale Einheit, Folgen der sieg- / verlustreichen Kriege auf deutschem Boden, Diskontinuität und Uneinigkeit der deutschen Geschichte veranlasst viele Menschen zur Heroisierung der Politik.
  - Schon vor Hitler sehnte sich die Rechte nach einem Führer, der sowohl Hohepriester als auch Krieger und Staatsmann ist.
    - Daraus erhoffte man sich die alte Einigkeit und Größe.
- Durch die Krisen der 30er Jahre gewann Hitler mit demagogischen Reden und charismatischer Parteigemeinschaft an Einfluss.
  - Nur die Empfindungen der Bevölkerung gegenüber Hitler zählt, nicht die Persönlichkeit oder Charaktereigenschaften des „charismatische Herrschers".
=> Vermarktung des „Hitler-Images" führte zu Wahlerfolgen.
- Bereitschaft der Anhänger eine solche Ideologie anzunehmen war hoch.
- Die meisten Wähler Hitlers waren nicht an Ideologie, sondern am Alltäglichen interessiert.
  - Kümmerten sich nur um Brot, Arbeit, Durchsetzung der regionalen Interessen oder den eigenen Vorteil.
- Viele Wähler ergaben sich der Massenbewegung, da Hitler nicht mehr falsch machen könne, als seine Vorgänger.

9.6 Landgericht Darmstadt im Verfahren gegen Erschießung der Juden in Weißrussland (183–187/M1–M14)

9.6.1 Hintergrundinfos zum Erschießungsbefehl der Juden in Weißrussland (183/M1).
- **Herbst 1941** 691. Infanterieregiment war für Sicherungs- und Befriedungsaufgaben in Weißrussland eingesetzt.
  - Oberleutnant Hermann Kuhls, Oberleutnant Josef Sibille, Hauptmann Friedrich Nöll und Gefreiter Wilhelm Magel angeklagt.
- **Erste Oktoberwoche** Wegen Verwundung eines deutschen Soldaten wurden 41 Juden hingerichtet, da angeblich Verbindung zu Partisanen vorlag.
- Major Alfred Comichau, Kommandeur der der ersten Bataillon, erteilt **Anfang Oktober 1941** den drei Kompanieführern Kuhls, Sibille und Nöll den mündlichen Befehl alle Juden zu töten.
  - Nöll zieht Hauptfeldwebel Zimber zur Beratung hinzu.
- Magel ist Teil des Erschießungskommandos.

9.6.2 17. August 1938 Kriegssonderstrafrechtsverordnung Deutschlands (183/M3).
- §3 Freischärlerei
  - Wer ohne äußere Merkmale des Feindes eine Waffe besitzt und gegen die Deutschen oder ihre Verbündeten kämpft oder es möchte, wird zum Tode verurteilt und seines Vermögens beraubt.

- Nur Uniformierte dürfen Kriegsgebrauch von Waffen machen, damit man sie als Feind erkennen kann.

9.6.3 Im Zweiten Weltkrieg geltende Fassung des Manual of Military Law (UK) (184/M4).

- o Zur Behandlung von irregulär kämpfenden Personen.
- o §37
  - Soldaten müssen unbewaffneten Feind nicht auf Kampfteilnehmerstatus untersuchen (Feind, Partisane oder Zivilist).
    - Sollen Person beschützen und vor Gericht stellen.
- => Erschießung ohne Gerichtsverhandlung verboten.
- → Massenexekutionen durchs Völkerrecht verboten.
  - Wenn Person keine Merkmale des Feindes trägt, wird Zugehörigkeit vor einem Gericht entschieden.
    - Schnellgerichte verurteilten viele Deutsche in schnellster Zeit.
- → Fraglich ob gerecht.

9.6.4 Reaktion des Kompanieführers Kuhls (184/M5).

- o Kuhls war 33 Jahre als, in NSDAP und SS und nahm an Partisanenlehrgang teil.
- => Dort Satz geprägt: Der Jude ist der Partisan, der Partisan ist der Jude → Indoktrination.
- o Verstorbener Kuhls führt Befehl ohne Zögern durch → Blinder Gehorsam.

9.6.5 2. Februar 1953 Brief über Aussage von Kompanieführer Sibille (184/M6).

- o War vor dem Krieg Lehrer.
- o Bataillonskommadeur ruft ihn an und erteilt Befehl zur Tötung aller Juden.
- o Nach schlafloser Nacht vergewissert er sich nach dem Befehl, da er den anständigen deutschen Soldaten nicht den Mord an unschuldigen Juden zumuten wolle → Gewissensentscheidung?
- → Bezug zur Soldatenehre schafft Handlungsspielraum.
  - Nur wenn es sich wirklich um Partisanen handele → Tötung von Unschuldigen belastet Wehrmachtssoldaten.
- => Wegen seinem Verhalten wurde er als „zu weich" eingestuft.

9.6.6 20. Februar 1952 Aussage von Kompanieführer Nöll (184/M7).

- o War Lehrer und zog Feldwebel Zimber als Berater hinzu.
- o In dem 1.000 Mann Dorf gab es keinen Hinweis auf Partisanen, darum eine schriftliche Bestätigung angefordert.
- → Als diese Absicherung erfolgte, wurde der Befehl ausgeführt.
- o Zahlreiche Unterführer kannten den Befehl bereits vor Nöll.
- → Auf „Befehl-ist-Befehl" - Mentalität und fehlenden Handlungsspielraum berufen.
Wenn Befehl verweigert, wäre das Meuterei oder Anzettlung zu einer solchen, was ein undenkbares Verbrechen war.

9.6.7 9. Januar 1952 Aussage von Hauptfeldwebel Zimber (185/M9).

- o Wusste, dass Juden nichts verbrochen haben und dass dieser Befehl ungesetzlich war.
- o Aber wenn Befehl verweigert, dann Exekution sicher gewesen.
- → Angst vor Strafe, Tat als Notstand (Zugzwang), ist einer von Vielen.

9.6.8 8. August 1951 Aussage vom Gefreiten Magel (185/M10).

- o Versammelte Juden sollten erschossen werden, erschießt ohne Hinzusehen → Teilnahme war notwendig.

- ○ Nach Salve sollten Magel und ein Theologe die Überlebenden erschießen.
- ○ 5 Russen schossen Juden mit Maschinenpistolen ab.
- ○ Nach Salve sollten Magel und der Theologe ins Dorf gehen und brachten **Abscheu** über Verbrechen zum Ausdruck.
  - Auseinandersetzung, Reflexion, die nicht bei jedem stattfand. Viele versuchten sich Taten schönzureden.

9.6.9 26. August 1953 Aussage des Schreibers Hans W. über Nöll und Zimber (185/M11).

- ○ <u>Nöll</u> war Reserveoffizier im 1. Weltkrieg gewesen.
  - Sehr streng und überspitzt korrekt.
- → Darauf bedacht, die ihm obliegenden Pflichten und Befehle ganz genau auszuführen.
  - ○ <u>Zimber's</u> ganzes Streben war es Hauptfeldwebel zu werden → Opportunist.
  - Ehrgeizig und gab sich Mühe forsch und stramm zu wirken.

9.6.10 8. Mai 1954 Urteil des Landesgerichts Darmstadt gegen Nöll (185/M12).

- ○ Es sei Pflicht gewesen, diesen von ihm als verbrecherisch angesehenen Befehl zu verweigern.
- ○ Kann sich nicht auf Befehlsnotstand (§54 StGB) berufen, da keine ausweglose Lage.
- ○ Da keine Zeitfrist hätte er sich überlegen können, wie Befehl zu verweigern gewesen sei.
  - Seine Pflicht war es beim Bataillonskommadeur Einspruch zu erheben, da er keine Partisanen gesehen hatte.
  - Es war seine Pflicht nach den Gründen für diesen Befehl zu fragen.

10 Historiker über die Aufarbeitung der NS-Vergangenheit

10.1 Kleßmann über die Entnazifizierung und Aufarbeitung der NS – Vergangenheit in der DDR (331/M13).

- • Wirtschaftliche und soziale Veränderung der Gesellschaft (=strukturelle Entnazifizierung) macht Antifaschismus zur Staatsideologie der DDR.
- • Führungselite besteht aus Opfern, Gegnern des Nationalsozialismus und traditionellen Kommunisten.
- • SED weist Schuld des Nationalsozialismus an Großkapitalisten und drängt Frage nach Mitläufern und Stützen des Regimes in den Hintergrund, Vorstellung der Verführung.
- • Auf Trümmern der NS – Diktatur wurde in DDR eine entgegengesetzte Diktatur aufgebaut.
- • Verdeckt durch geschöntes Geschichtsbild und Distanzierung zum Faschismus.
- • Ab 1953 keine Bundesländer mehr in DDR, Zentralismus bestimmt staatliche Strukturen und politische Entscheidungen.
- • Wahrheitsanspruch der sowjetischen Ideologie verschärft Intoleranz.
- → DDR forderte Untertanentum, verfolgte Opposition, manipulierte Wahlen und unterdrückte Andersdenkende mit bürokratisch-deutscher Gründlichkeit.
- • Partei und Staatsführung forderten Disziplin und Linientreue, erzogen darin, sodass sowjetische Nachbarstaaten Parallelen zum deutschen Obrigkeitsstaat sahen.
- • In BRD war Auseinandersetzung mit NS-Vergangenheit langer, mühsamer Prozess, aber von kritischen Diskussionen begleitet.
- • DDR hatte keine Auseinandersetzung durchlebt, sondern Schuldzuweisung an Westen vorgenommen.
- => Nach Auflösung der DDR musste NS- und sowjetische Vergangenheit aufgearbeitet werden.

10.2 Ministerpräsident Brandenburgs analysiert Umgang mit NS – Vergangenheit in DDR (331/M14).

- SED unter Ulbricht sollte neuen Staat auf Arbeiterbewegung gründen.
- Später Positives in deutscher Tradition hinzugezogen, Negatives als Überbleibsel des Imperialismus verworfen.
- Kommunistisches System rechnete Nationalsozialismus als beseitigte, vertriebene Staatsform an, welche keine Verbindung zu den Ostdeutschen habe.
- Menschen aus Osten konnten Proteste gegen **Bau eines Supermarktes neben KZ – Gedenkstätte 1991** nicht nachvollziehen, da keine Mitverantwortung empfunden.
- Erinnerungen von Zeitzeugen zu einseitig gewesen.
- Damals herrschte **Zucht** und **Ordnung**, Hitler baute Autobahnen, Verlorene Familienmitglieder als **Opfer des Krieges** dargestellt worden.

=> Kommunistisches Geschichtsbild stellte Antifaschisten und Arbeiter als Naziopfer dar, was DDR nun gewendet hatte.

10.3 Ulbricht analysiert Aufarbeitung und Entnazifizierung in BRD (332/M15).

- Nazis wurden schnell gesellschaftsfähig und stiegen wieder auf, darum Stabilität der Demokratie gefährdet.
- Bürgerliche Republik auf Vergessen und Verdrängen der nationalsozialistischen Massenverbrechen gegründet.
- Erst mit **Eichmann-Prozess** wurde Öffentlichkeit an Rolle der Macht erinnert, welche sie durch Beruf erhielten.
- Durch **Auschwitz-Prozess** wurde Öffentlichkeit an Brutalität der Massenvernichtungspolitik erinnert.

=> Systematisches Verfahren eingeleitet und ehemalige Nazis aus westdeutschen Justizbehörden entfernt.

- NS-Eliten erhielten alten, (hohen) Posten zurück, wurden für Kriegsverbrechen nicht bestraft und werden angesehene Bürger, darum politische Moral ein Skandal.

→ Schadet Gesellschaft, innerdeutscher Struktur und Ansehen im Ausland.

=> Zeigt, dass Deutsche NS-Vergangenheit langsam aufarbeiten.

- Opportunismus der NS-Eliten hat ihre politische Kraft neutralisiert.
- Vereinzelte Aufdeckung von Persönlichkeitsskandalen führt zur Aufarbeitung der NS-Zeit, was für Stabilität und demokratische Identität der BRD beiträgt.

10.4 Jurist Wesel über Aufarbeitung der Vergangenheit und deutschen Perfektionismus (333/M16).

- Strafverfolgung von Unrecht einer vergangenen, undemokratischen Zeit ist schwierig.
- **403 v.Chr.** entsteht gleiches Problem, 30 Tyrannen werden nach tausend Toten von Spartanern in wenigen Monaten gestürzt.
- Volksversammlung nahm **Amnesie** vor, bestrafte aber wegen Bewahrung des inneren Friedens.
- **1983 Falklandkrieg** führt zur **Amnestie** des Volkes und lediglich zu einer unverschämt milden Strafe der hauptverantwortlichen Kommandanten.

→ Ebenfalls in Rumänien und Bulgarien.

- **Juan Carlos hat Spanien** nach Franco demokratisiert und **Amnestiegesetz** erlassen, obwohl viele Bestrafung forderten.
- **In Südafrika** wurden Menschenrechtsverletzungen seitens der Regierung oder Befreiungsorganisation zu Gunsten einer Verständigung und Wiedergutmachung nicht geahndet.

=> Prozesse sollten Wahrheit aufdecken, wenn Taten angemessen für das politische Ziel seien, dann wird **Amnesie** erlassen.
→ Umstrittene Botschaft, aber Viele denken, dass dies das beste **Ende von Diktatur** und Terror war.

- Deutschland hatte viele **Systemwechsel** vorgenommen (1918, 1933, 1945 und 1990), aber erst **1990** mit *„Perfektion"* vorgegangen.
  - **1. Problem:** Westdeutsche Richter verurteilen Ostdeutsche, fehlerhafte Umsetzung des DDR-Rechts.
  - **2. Problem:** Verurteilungen wegen Gewalttaten sind sinnvoll, aber nicht gegen Wahlfälschungen, Spionage etc.

=> Übertriebene Ausübung des Rechts.

11 Historiker über die deutsche Teilung

11.1 DDR Historiker Heitzer über die deutsche Teilung (335/M1).

- Teilung sei Resultat der Restaurations- und Spannungspolitik der Westmächte, der imperialistischen, deutschen Bourgeoisie und der rechten Führer der SPD.
  - Bourgeoisie spaltete Deutschland aus Angst vor politischer Auseinandersetzung mit Proletariat.

→ Wollten eigene, volksfeindliche Ziele durchsetzen.

=> Nationaler Verrat.

- In BRD regieren jene Klassen, die bereits zwei Weltkriege verschuldet haben.
- Anfang Oktober forderten viele Arbeiter eine demokratische Regierung für Frieden und Sicherung der revolutionären Errungenschaften nach der NS – Zeit.
- SED und KPdSU berieten über Staatsgründung; Blockparteien beriefen Volksrat am 7. Oktober 1949 ein.

11.2 Politikwissenschaftler Schwarz (BRD) über die Westintegration (335/M2).

- Zwei einfach ersichtliche Gründe, warum Mehrheit der Deutschen für Westbindung war.
  - Westmächte kommen Deutschland (wirtschaftlich, politisch) entgegen.
  - Sowjetunion beharrt kompromisslos auf kommunistischen (Irr-)Weg.
- Starke Polarisierung der Siegermächte macht deutsche Blockfreiheit unmöglich.

→ Spätestens 1948 deutlich, dass Westintegration besser als Ostintegration.

- USA förderte Reichseinheit und Wiederaufbau durch Kredite, aber UdSSR hohe Reparation verlangt.

→ UdSSR nicht auf deutsche Lebensbedürfnisse eingegangen.

- USA und England wollten deutschen Wiederaufbau und hielten Demokratie, Rechtsstaat und Mehrparteiensystem aufrecht.
  - UdSSR an Einparteienstaat festgeklammert.

=> Utilitäre und ideologische Motive für Westintegration.

- Westmächte wollten europäische Staatssysteme neu ordnen, UdSSR verfolgte Hegemonialpolitik.

=> Westintegration setzte nationaler Teilung eine europäische Einigung entgegen.

11.3 Wehler über die deutsche Teilung (335/M3).

- Juni 1945 Deutschland unter internationale Vormundschaft wie im Kolonialimperialismus gestellt, weil Führerstaat gegen westlichen Wertekanon verstieß.

=> Besatzer vollzogen „Erziehungsdiktatur".

- Teilung Deutschlands in Besatzungszonen sorgte nicht für Teilung, aber Sowjetisierung und Differenzen im Kaltem Krieg.

○ Staatsgründungen 1949 sind Höhepunkt der seit 1948 nicht aufzuhaltenden, unterschiedlichen Systementwicklungen.
● USA wollten Expansionspolitik der UdSSR, welche alle westlichen Werte missachtet, eindämmen.
● Blockrivalität im Kalten Krieg führte zur Gründung der beiden deutschen Staaten.
○ BRD schnell als souveräner Partner in „freie Welt" aufgenommen, DDR zum sowjetischem Satellitenstaaten geworden.
● UdSSR wollte über Zonengrenzen hinaus Wirtschaftseinheit für Reparation aus Ruhrgebiet herstellen.
○ Ostintegration der SBZ/DDR machte Kooperation unmöglich.
● Berlin Blockade sollte Pläne für westdeutschen Staat vernichten.
○ Gegen Sprengung der Blockaden, für Luftbrücke entschieden.
→ Sowjetischer Erpressungsversuch scheitert an der amerikanischen Hartnäckigkeit.
=> Versuch Millionenstadt auszuhungern festigte antikommunistischen Konsens in Westdeutschland.

Historiker über gesamtdeutsche Lösung Stalins

11.4 Gerhard Wittig über Stalin Note.
▪ *Übernahme der politisch-wirtschaftlichen Ordnung der DDR in Gesamtdeutschland erhofft.*
▪ *Stalin änderte eindeutige Formulierungen, da nicht „zwecksmäßig".*
○ DDR sollte ausgebaut werden.
○ Stalin Note bringt Adenauer Regierung in Bedrängnis.
▪ Sollte diese stürzen; wollte Proteste und Demonstrationen der Westdeutschen sowie Konferenzen herbeiführen.
○ Aufbau der nationalen Armee in DDR sollte westdeutsche Grenze sichern, Macht der SED ausbauen und von westdeutschen Gemeinsamkeiten abschotten.
=> Kein Wille zur Verständigung in sowjetischer Deutschlandpolitik.
▪ Stalin überschätzte Stärke des nationalen Motivs und unterschätzte antisowjetische, antikommunistische Haltung der BRD.
○ **1951 – 1952** Abhängigkeit der SED von Moskau offenbarte fehlende Souveränität.
▪ Pressetexte teilweise wörtlich von sowjetischen Herren vorgegeben.

12 Historiker über den Mauerfall

12.1 Christian Führer, Pharrer der Nikolai-Kirche (DDR) (424/M1).
● 6.000 Menschen in Kirche erwartet, 70.000 erschienen.
● Bischof predigt **Gewaltlosigkeit** und alle Menschen strömen mit Kerze nach Draußen zum Protestieren.
● Kerze muss getragen werden und beschützt, kein Platz mehr für Tragen von Waffen.
=> **Kerzen als Symbol der Gewaltlosigkeit.**
● DDR-Bürger allein auf diese Idee kommen, nicht von außen beeinflusst worden.
=> Gewaltloser Protest (ohne Verhaftungen, Pöbeleien) endet in friedlicher Revolution.

12.2 Lothar de Maiziere, Ministerpräsident der DDR (425/M2).
● **Wirtschaftskrise** (Staatsverschuldung, Zinseinnahmen höher als Warenfonds) hatte System zu Grunde gerichtet.
=> Wiedervereinigung einzig sinnvoller Weg, hatte **Domino-Effekt** ausgelöst.

12.3 Rolf Reißig (DDR) (425/M3).

- Untergang der DDR überraschend, aber wegen Ineffizienz des „realsozialistischen Systems" determiniert.
- Grundlage der DDR war **Loyalitätsgefüge** (Anpassung, Repression, Opportunismus) als Einheit von Zwang und Legitimation.
- Wegen wirtschaftlichen Problemen und Ablehnung der **Perestroika** bricht Legitimation und Loyalität.
  - SED mit Ausrichtung auf Parteidisziplin, Zukunftsglauben, Fortschritt, Gehorsam und Anpassung zerfiel.
- Bruch mit System an Ausreisewellen und Wachstum der Opposition abzulesen gewesen.
- Vier Optionen für die Zukunft der DDR nach 1989.
- 1. Modrow und SED fordern **Reformen**.
- 2. Menschenrechtler fordern **Systemwechsel**.
- 3. **Vereinigung** mit Sonderzustand der DDR in der BRD.
- 4. **Wiedervereinigung** ohne Sonderrechte.

12.4 Hans Misselwitz (425/M4).

- Revolution weist immer Opposition auf.
- Gewaltlosigkeit der Demonstranten kein Zeichen der Schwäche, sondern der Vernunft.
- September 1989 Stasi registriert ca. 150 Oppositionsbewegungen, welche weder konzeptionell noch organisatorisch auf Systemzusammenbruch vorbereitet waren.
- Nach Mauerfall ging Initiative von Revolutionsträgern auf andere über.

12.5 Crane Brinton über Gesetzmäßigkeiten einer Revolution (426/M5).

- **Vorzeichen einer Revolution.**
- Beschwerden über ineffektives Wirtschafts- und Verwaltungssystem.
- Intensivierung sozialer Gegensätze.
- Steigernde Unzufriedenheit über das gesamte politische System.
- **Zeitpunkt einer Revolution.**
- Revolution kommt immer überraschend, wird in nächster Generation erwartet.
- Revolution muss in Luft liegen und über Kreis der Intellektuellen hinausgehen und nicht nur von ängstlichen Konservativen gesehen werden.
- **Rolle des Militärs.**
- Gewalt der Regierung in allen Revolutionen stets geringer als Gewalt einer oppositionellen Minderheit.
- Altes weicht Neuem wegen fehlendem Eifer der Regierungstruppen.

12.6 Dr. Kühnhardt über die Verwendung des Revolutionsbegriffes für Ereignisse 1989/90 (426/M6).

- Bezeichnung „friedliche Revolution" für Zerfall der DDR hat sich wegen Medien eingebürgert.
- **Drei Kategorien für Revolutionsbegriff.**
- *Revolution* als bürgerlicher <u>Aufstand</u> gegen kommunistisches Regime, welcher sich schrittweise festigt und radikalisiert.
- *Revolution* als <u>Systemwechsel</u>, der wegen friedlichen Ereignissen Beiwort „friedlich" erhält.
- *Revolution* als <u>vollständige Veränderung</u>, weshalb nach Wiedervereinigung von „abgebrochener" oder „verratener" Revolution gesprochen wurde.

12.7 Amerikaner Maier bezeichnet Wende 1989 als Revolution (427/M7).

- BRD nennt Zerfall der DDR nicht Revolution, sondern determinierte Implusion.
- Opposition steigerte sich in DDR aber in ungeahnter Leidenschaft.
- Systemversagen oder Gewaltlosigkeit schmälern Bedeutung der Revolution nicht.
- Jede Revolution beginnt nach oder während Finanzkrise oder administrativer Verkrustung.
- Sterbende Regime haben keine Kraft mehr für gewaltsamen Widerstand.
=> Mobilisierung der Massen ist Kriterium einer Revolution.
- Wie im März 1848 oder November 1918 ging Macht an Demonstranten über.
=> Revolutionen sind eine Folge „großer" Tage.

12.8 Dr. Offe bezeichnet Ereignisse von 1989 als Zusammenbruch (427/M8).

- DDR musste Volk nicht nur Einsperren (physische Einschränkung), sondern auch seiner Freiheiten berauben (mentale Einschränkungen) um Stabilität zu gewährleisten.
=> Entscheidender Mangel des Systems war moralischer.
- Gründe des Systemzerfalls waren außenpolitischer Natur.
- Ungarische Regierung ließ DDR-Urlauber über die Grenze fliehen.
- UdSSR wird wegen Politik des „Neuen Denkens" nicht militärisch in DDR eingreifen.
- Welt war völlig von gewaltsamer Unterdrückung der Opposition in China schockiert.
- Bürgerbewegung entfaltete sich erst als keinerlei Gegengewalt zu erwarten war.
=> Sichtbarer Zerfall des Staatsapparates ermutigte Opposition zum Aufstand.
- Ende der DDR waren ökonomische Aspekte des Massenexodus.

12.9 Engländer Dahrendorf über Revolution für alte Ideen (428/M9).

- Demokratie in Ostmitteleuropa erst nach 1989 erfunden worden, als alte Ideen wieder aufgegriffen wurden.
- Französische und amerikanische Revolution brachten keine neuen Ideen hervor, Streben nach Freiheit liegt in menschlicher Natur.
- Revolution in Europa greift alte, bewährte und erprobte Idee der offenen Gesellschaft wieder auf.
  - Menschen sind fehlbar, nur mit offenem Dialog und Kompromissbereitschaft kann man Staat regieren.
  - Keine Gefahr ist größer als eine Ideologie / Dogmen.
=> Unsere Angelegenheiten sollten für Wandel offengehalten werden.

12.10 Honecker 1991 über die Ereignisse in der DDR (429/M10).

- Außenpolitische Einflüsse haben Rücktritt Honeckers provoziert und Zusammenbruch der DDR, nicht die Oppositionsbewegung.
- Ereignisse 1989/90 waren Konterrevolution um Marxismus aus Europa zu verdrängen.
- Reißig bezeichnet Ereignisse als evolutionären Prozess.
- Sturz des Sozialismus, Wiedererichtung des ökonomischen und politischen Systems des deutschen Imperialismus unter dem Deckmantel der „bürgerlichen Demokratie" beendet 40 Jahre andauernden Kampf der Systeme.
=> Hat Welle an Konterrevolutionen in Osteuropa provoziert.

12.11 Stefan Wolle über Zerfall des „SED-Staates" (429/M11).

- Friedliche Revolution änderte Welt vollkommen und Vollzug der deutschen Einheit war an sich nicht mehr aufzuhalten.
- Mauerfall bedeutete Freude und Freiheit für DDR-Bürger.
- Jedoch kommt bald Gedanke auf, dass Mauer zu früh fiel.

- Diktatur der Tugend wandelt sich zur Herrschaft des Eigennutzes; was Frankreich 1793/94 erschütterte, erlebte DDR im Schnelldurchlauf.
=> Neue Erfahrung der Entmündigung und Fremdbestimmung.
- Mauerfall bedeutete deshalb für einige Menschen auch das Ende der Hoffnung auf eine Reform.

13 Historiker über die deutsche Einheit

13.1 Jugendlicher Christian Stecker (DDR) über deutsche Einheit (461/M1).
- (Schul-)Alltag vermittelte das Bild des erfolgreichen Sozialismus, aber Fernsehen sprach vom baldigen Zerfall.
- Für Kinder änderte sich nur Schulwesen, für Arbeiter bedeutete Verkauf der Ostindustrie Arbeitslosigkeit.
- Belastung ostdeutscher Familien, da Eltern im Westen arbeiten mussten.
- Arroganz und andere westliche Werte führten zum Ende der nationalen Euphorie.
=> Hoffnungen wandelten sich zur allgemeinen Ernüchterung.
- Arbeitslose sehen sich als Verlierer der deutschen Einheit.
- Ostdeutsche treiben ins soziale Abseits wegen plötzlich abverlangter Eigenständigkeit.
=> Zukunftsoptimismus herrscht vor.

13.2 Jugendliche Tanja Wirtz (BRD) über deutsche Einheit (461/M2).
- Menschen besuchten massenhaft Verwandte in Ostdeutschland.
- Wiedervereinigung hat Ostdeutschen ihre besondere Art von Menschlichkeit genommen.
- Wiedervereinigung scheint eher eine Belastung zu sein.
- Ost- und Westdeutsche bauen kein Zusammengehörigkeitsgefühl auf.
- Nach 11 Jahren ist Wiedervereinigung noch immer nicht abgeschlossen.
=> Neues Denken im Volk könnte Weg in gemeinsame Zukunft ebnen.

13.3 Claus Malzahn (BRD) über „deutsche Denkfaulheit" (462/M3).
- In Demonstrationen vom Oktober / November 1989 artikulierte sich demokratischer Bürgermut, welcher Deutschland im grausamen 20. Jahrhundert oft fehlte.
=> Der Einzelne kann den Unterschied machen; wichtigste Erfahrung der „friedlichen Revolution".
- Einheit ist öffentlich verschrien, aber Umfragen zeigen Zufriedenheit.
- Befürworter der Zweistaatlichkeit werden von Jahr zu Jahr weniger.
- Nach Wiedervereinigung waren 80-90% der Ostdeutschen zufrieden mit neuer Lebenssituation im Westen.
=> DDR wollte Wiedervereinigung, individuelle Wahrnehmung im neuen Deutschland klafft dagegen weit auseinander.
- Nach 1990 sind knapp 1 Mio. Ostdeutsche in den Westen migriert.
- Äußerlich scheint alles in Ordnung zu sein: geteerte Straßen, neue Häuser und saubere Marktplätze.
- „IKEA- und Fußgängerzonenrepublik" ist aber nicht im Osten angekommen.
=> Ostdeutsche interessieren sich nicht für Zielvorgaben, wollen individuelle Zukunftschancen.
=> Neues Deutschland ist im Wandel.

13.4 Frankfurter Allgemeine Sonntagszeitung über deutsche Einheit (463/M4).
- Deutsche sind einander noch immer fremd; nur 53% behaupten, dass sie sich näher gekommen wären.

- Die Anderen denken, dass sich die Situation verschlechtert hat oder gleich geblieben ist.
=> Überwiegend Ostdeutsche empfinden Annäherung nach Einheit als misslungen.
- Präsident Köhler ruft zur Ehrlichkeit, Stetigkeit und Gerechtigkeit der Politik auf.
- Lebensverhältnisse in Ost und West werden nie völlig gleich werden.
- Wirtschaft und Politik haben sich mit hoher Arbeitslosenquote abgefunden.
- DDR Präsident de Maiziere spricht von den Verlieren der Wiedervereinigung.
- Diejenigen, welche 10 Jahre zu alt für einen Neuanfang und 10 Jahre zu jung für die Rente sind.

13.5 Hans-Joachim Veen über Zusammenwachsen Ost- und Westdeutschlands (463/M5).
- 10 Jahre nach äußerer Einheit ist innere Einheit noch nicht erreicht worden.
- Keine Definition von innerer Einheit vorhanden, sei etwas „Offenes und Dynamisches".
- Fehlende Definition wird in Politik in Auseinandersetzung um Mittel gerne benutzt.
→ **Führt zur Delegitimierung der Wiedervereinigung.**
- Unterschiedliche Sichtweisen für Ausbleiben der inneren Einheit.
- Kulturelle und materielle Verwestlichung des Ostens nicht ausgeprägt genug.
- Gleichheitsorientierte Ostdeutsche interpretieren soziale Marktwirtschaft staatsdirigistischer, freiheits-orientierte Westdeutsche eher marktwirtschaftlich.
- Unterschiedliche ökonomische Verhältnisse (Einkommen, Arbeitslosigkeit, Produktivität).
- Vorurteile der **„Jammer-Ossis"** und **„Besser-Wessis"**.
- Ostdeutsches plebiszitäre und westdeutsches repräsentatives Demokratieverständnis.
=> Einheit soll erst dann erreicht worden sein, wenn völliger Gleichklang der Seelen und des Denkens vorherrscht.
- Neue deutsche homogenisierte Gesellschaft fordert niemand, ist aber logischer Umkehrschluss des Herausstellens der Defizite.
- Begriff der inneren Einheit muss endlich definiert werden.
=> **Gleichheit der Ungleichheit und pluralistische Gesellschaft sind kennzeichnend.**
  - Mentale Unterschiede zwischen süddeutschen Katholiken, norddeutschen Lutheranern und schwäbischen Pietisten störte westdeutscher innerer Einheit nicht.
- Ostdeutsche räumen im klassischen Kampf der Gleichheit und Freiheit ersterer den Vorrang ein.
- Kein revolutionäres Republikverständnis, sondern Erfahrung hoher Arbeitslosigkeit und hohem Einkommensunterschieden.
- Vollständiges Angleichen der Rentenhöhen und Erwerbseinkommen beinahe erreicht, auch wenn es noch gut 15 – 20 Jahre dauern wird.
- Hohe Arbeitslosigkeit im Osten sollte politisch angegangen werden, aber nicht als Kriterium der inneren Einheit dienen.
=> **Innere Einheit bedeutet Zustimmung der Bürger zu im Grundgesetz verankerter, staatlicher Ordnung.**
- **Einheitskonsens** einer liberalen, pluralistischen Gesellschaft ist minimal.
- Gesellschaft muss politische Verfahrensprinzipien (Gewaltenteilung, Interessenspluralismus) und materielle Festlegungen (Grund- und Menschenrechte, Demokratie, Rechtsstaat) anerkennen.
- Vertrauen der Bürger in demokratische Institutionen und Anerkennung der sozialen Marktwirtschaft.
- Akzeptanz der Einbindung in EU und NATO.
- Einheit bedeutet auch das „Eins-sein-Wollen", das Nichtzurückwollen in die Teilung.
=> **Kriterien für innere Einheit sind Grundkonsens und Wille zur Einheit.**

- ○ Jede Erweiterung dieser Kriterien schnürt gesellschaftliche Pluralität und Freiheit unzulässig ein.
- 2001 achten die meisten Deutschen die Verfassungs- und Wirtschaftsordnung, Zugehörigkeit zu EU und NATO, Gesetze und Institutionen.
- Weniger als 10% der Ostdeutschen wollen zurück zur Teilung.

=> Innere Einheit herrscht bereits vor.

=> Mehr Akzeptanz von Unterschiedlichkeiten und Verständnis der Vielfalt benötigt.

14 Historiker über das Ende des Ost-West – Konfliktes

14.1 Francis Fukuyama, Direktor des Planungsstabes im US Außenministerium über das Ende der Geschichte (292/M1).

- Mit Blick auf Geschichte wird deutlich, dass liberale Demokratie Aufschwung erlebt.
- Demokratische Entwicklung nicht kontinuierlich: **1940 weniger Demokraten als 1919.**

=> Demokratischer Aufschwung von **radikalen Einschnitten** unterbrochen worden (Nazis, Kommunisten).

- Zusammenbruch der radikalen Phasen bildet Aufstieg der Weltdemokratien.
- Liberale Demokratie und Wirtschaftsliberalismus ist besonderes Phänomen der letzten 400 Jahre, da es vor **1776 noch keine Demokratien gab.**
- Industrie ist ebenfalls neu in Geschichte, Sklaverei, Erbmonarchie und politische Heiraten dagegen schon lange bewährt.

=> Entscheidend ist nicht Dauer eines Phänomens, sondern Fortschrittlichkeit.

- Geschichte bewegt sich auf liberale Demokratie zu.
- Fundamentaler Prozess, der alle Menschen in ein Entwicklungsschema drängt.
- Bei Verbreitung von Demokratie gibt es **Höhen** und **Tiefen**.

=> Demokratie nicht ohnmächtig, nur wenn sie in einigen Ländern scheitert.

- Wirtschaftskrisen schließen auch einen Wirtschaftswachstum aus.
- Weiterer beeindruckender Schritt ist, dass liberale Demokratie auch außerhalb Westeuropas und Nordamerikas anzutreffen ist.
- Man behauptete, dass iberische Kultur „bis ins Mark *autoritär*, *patriarchalisch*, *katholisch*, *hierarchisch*, *korporatistisch* (Gruppe, die sich für Gemeinwohl o.ä. Einsetzt bekommt vom Staat besondere Privilegien) und *semifeudal* sei.
  - Spanien, Portugal und Südamerikaner nehmen sich aber Beispiel an bestehenden Demokratien und wachsen in ein vereintes Europa hinein.

=> Prinzip der Freiheit und Gleichheit (grundlegende Züge der Menschheit) hinter **liberaler Demokratie für viele Menschen attraktiv, darum auch bewährt.**

- Für Universalgeschichte kein neuer Versuch, Freiheit wurde schon immer angestrebt.
- Andere Welt ist unvorstellbar, da unsere Ordnung grundlegend unverbesserlich ist.

=> Gedanke kommt aus, ob Ende der Geschichte angelangt ist.

14.2 Britischer Historiker Hobsbawn vergleicht englisches und amerikanisches Weltreich (293/M2).

- Weltlage ist völlig neu, da historische Reiche der Spanier oder Engländer nicht mit Imperium der USA zu vergleichen sind.
- *Britisches Empire* war im **19. Jahrhundert** einziges globales und Vorläufer des **US-Imperiums.**
- Weltpolitik im nationalen Interesse betrieben, aber altruistisch (nicht egoistisch).
  - England benutze **Flotte gegen Sklavenhandel**, USA **Armee im Kampf für Menschenrechte.**

=> Ähnlich wie Frankreich im 18. Jahrhundert oder Russland im 20. Jahrhundert glaubt USA Großmacht zu sein, die sich auf universalistische Revolution beruft.
→ Nicht ist gefährlicher, als Empire, welches es für richtig hält Welt ihre Interessen aufzuzwingen.

- Englisches Empire war globaler als US-Imperium, da **Weltmeere** beherrscht und USA **Luftraum** nicht genau so beherrscht.
- UK strebte nicht nach globaler Macht, politischer oder militärischer Kontrolle, wollte nur Wirtschaft ankurbeln.

→ War sich geographischer und materieller Grenzen bewusst, darum 1918 Auflösung.

- Im Kalten Krieg war Amerika Kopf eines internationalen Bundes und illusionierte, dass alle Macht in Washington läge.
- Nach dem Kalten Krieg hat Amerika seinen Gegner verloren, verhält sich aber immer noch eigensinnig, zänkisch und rücksichtslos.
- Abgesehen von **High-Tech – Waffensystem** sind Amerikas materielle Vorteile am schwinden.
- Im Kalten Krieg hat Amerika viele Trümpfe aufgegeben.
- Amerikanische Kultur und englische Sprache werden nicht an Einfluss verlieren.

=> Aber keine andere Macht wird Amerikas militärische Überlegenheit aufholen können.
→ Entscheidender Vorteil bei allen imperialen Plänen.

- USA festigt proamerikanische Regierungen (militärisch), will keine territoriale Expansion.
- Verwaltung vernachlässigt Amerika, sodass „befreites" Irak keine zivile Verwaltung aufbauen kann.
- USA glaubt **fatalerweise** keine echten Verbündeten oder Unterstützung zu brachen.
- Viele Nationen schließen sich US-Imperium an, da sie sich für zu klein halten um USAs Arroganz Einhalt gebieten zu können.
- Andere betreiben „Imperialismus im Dienst der Menschenrechte", verstärkt durch Versagen im Balkankonflikt.
- Unterstellung Amerikas um lokale/regionale Missstände zu beseitigen.
- Keine Nation hat Untergang verdient, aber Risiko ist hoch: Weltmacht USA interessiert sich nicht für Welt, greift ein, wo es ihr gefällt.
- Amerikanisches Volk will eigenes Wohlergehen, keine **militärischen Abenteuer im Ausland**, darum muss Regierung bald kriselnde Wirtschaft fokussieren.
- Damals erkannte US-Empire aus Angst vor UdSSR, dass eigene Macht Grenzen hat.
- Angst muss durch **aufgeklärtes Eigeninteresse** und **mäßige Wirkung** auf andere Staaten ersetzt werden.

14.3 Althistoriker Bender vergleicht antikes, römisches Weltreich mit Rolle Amerikas in internationaler Politik (295/M3).

- Aus einziger Weltmacht Rom wurde Kolonialmacht, Imperium, Republik, Monarchie.
- Diskussionen über Zukunft Amerikas ähneln denen im römischen Reich.
  - Nur Amerika sei fähig Welt vor Terrorismus etc. zu bewahren und stabile / erfolgreiche Ordnung zu bringen, welche durch sie verteidigt wird.
- Rom betrieb Kultivierung durch Zwang bzw. Attraktivität des Städtebaus und des Lateinsprechens.

=> „**Roman Way of Life**" tat das, was „**American Way of Life**" auch teils erreicht.
  - Lebensstil fasziniert, da Amerika politische Grenzen kulturell überwindet.
- **25% der Welt spricht Englisch**, in 48 Ländern Amtssprache, Arbeitssprache in Wissenschaft und Wirtschaft.
- Ermöglicht kulturelle Beeinflussung durch Filme und Produkte.

=> Amerika ist Weltmacht, weil es jeden Winkel der Erde militärisch erobern kann und schon kulturell erobert hat.

- Militärische Überlegenheit ermöglicht es jedem Land (außer Russland, Indien, China) Frieden aufzuzwingen, Massenmord und Vertreibungen zu beenden, Annexionen rückgängig zu machen und ungewollte Regime zu stürzen.

=> **Amerika ist unverzichtbare Nation auf Erde, soll aber nicht Herrscher sein.**

- Amerika muss das Schaffen, was zum Ende Roms führte.
- USA hat **Stufe 1 der Weltmacht** erreicht: Kann sich erfolgreich gegen Protest der halben Welt behaupten.
- Kann **Stufe 2** aber nicht erreichen: Welt zu zwingen, nach Amerikas Willen zu handeln.

=> **„Pax Americana"** wird nicht jahrhundertelang bestehen wie **„Pax Romana"**.

- Rom hat historische Ewigkeit erreicht, da es europäisches Erbe umfasst, ohne dies es kein Amerika gäbe.
- Erbe Amerikas ist das Abendland.
- **Weltgeschichtliche Leistung Roms** ist politische Hülle um griechische Zivilisationen.
- **Weltgeschichtliche Leistung Amerikas** könnte ähnlich sein, wenn man sich gemeinsam mit EU gegen westliche Bedrohungen zusammenschließt.

=> Amerika wird das neue Rom, wenn es abendländische Zivilisationen stützt und mit Europa gemeinsam bewahrt, nicht durch unmögliche, ungewollte, romähnliche Politik.

BEI GRIN MACHT SICH IHR WISSEN BEZAHLT

- Wir veröffentlichen Ihre Hausarbeit,
  Bachelor- und Masterarbeit

- Ihr eigenes eBook und Buch -
  weltweit in allen wichtigen Shops

- Verdienen Sie an jedem Verkauf

Jetzt bei www.GRIN.com hochladen
und kostenlos publizieren